FUKUSHIMA

47 都道府県ご当地文化百科

福島県

丸善出版 編

丸善出版

刊行によせて

　「47都道府県百科」シリーズは、2009年から刊行が開始された小百科シリーズである。さまざまな事象、名産、物産、地理の観点から、47都道府県それぞれの地域性をあぶりだし、比較しながら解説することを趣旨とし、2024年現在、既に40冊近くを数える。

　本シリーズは主に中学・高校の学校図書館や、各自治体の公共図書館、大学図書館を中心に、郷土資料として愛蔵いただいているようである。本シリーズがそもそもそのように、各地域間を比較できるレファレンスとして計画された、という点からは望ましいと思われるが、長年にわたり、それぞれの都道府県ごとにまとめたものもあれば、自分の住んでいる都道府県について、自宅の本棚におきやすいのに、という要望が編集部に多く寄せられたそうである。

　そこで、シリーズ開始から15年を数える2024年、その要望に応え、これまでに刊行した書籍の中から30タイトルを選び、47都道府県ごとに再構成し、手に取りやすい体裁で上梓しよう、というのが本シリーズの趣旨だそうである。

　各都道府県ごとにまとめられた本シリーズの目次は、まずそれぞれの都道府県の概要（知っておきたい基礎知識）を解説したうえで、次のように構成される（カギカッコ内は元となった既刊のタイトル）。

Ⅰ　歴史の文化編
　「遺跡」「国宝 / 重要文化財」「城郭」「戦国大名」「名門 / 名家」
　「博物館」「名字」
Ⅱ　食の文化編
　「米 / 雑穀」「こなもの」「くだもの」「魚食」「肉食」「地鶏」「汁

i

物」「伝統調味料」「発酵」「和菓子／郷土菓子」「乾物／干物」
Ⅲ　営みの文化編
「伝統行事」「寺社信仰」「伝統工芸」「民話」「妖怪伝承」「高校
野球」「やきもの」
Ⅳ　風景の文化編
「地名由来」「商店街」「花風景」「公園／庭園」「温泉」

　土地の過去から始まって、その土地と人によって生み出される食
文化に進み、その食を生み出す人の営みに焦点を当て、さらに人の
営みの舞台となる風景へと向かっていく、という体系を目論んだ構
成になっているようである。
　この目次構成は、一つの都道府県の特色理解と、郷土への関心に
つながる展開になっていることがうかがえる。また、手に取りやす
くなった本書は、それぞれの都道府県に旅するにあたって、ガイド
ブックと共に手元にあって、気になった風景や寺社、歴史に食べ物
といったその背景を探るのにも役立つことだろう。
＊　　　　＊　　　　＊
　さて、そもそも47都道府県、とは何なのだろうか。47都道府県
の地域性の比較を行うという本シリーズを再構成し、47都道府県
ごとに紹介する以上、この「刊行によせて」でそのことを少し触れ
ておく必要があるだろう。
　日本の古くからの地域区分といえば、「五畿七道と六十余州」と
呼ばれる、京都を中心に道沿いに区分された8つの地域と、66の「国」
ならびに2島に分かつ区分が長年にわたり用いられてきた。律令制
の時代に始まる地域区分は、平安時代の国司制度はもちろんのこと、
武家政権時代の国ごとの守護制度などにおいて（一部の広すぎる国、
例えば陸奥などの例外はあるとはいえ）長らく政治的な区分でも
あった。江戸時代以降、政治的区分としては「三百諸侯」とも称さ
れる大名家の領地区分が実効的なものとなるが、それでもなお、令
制国一国を領すると見なされた大名を「国持」と称するなど、この
区分は日本列島の人々の念頭に残り続けた。
　それが大きく変化するのは、明治維新からである。まず地方区分

は旧来のものにさらに「北海道」が加わり、平安時代以来の陸奥・出羽の広大な範囲が複数の「国」に分割される。政治上では、まずは京・大阪・東京の大都市である「府」、中央政府の管理下にある「県」、各大名家に統治権を返上させたものの当面存続する「藩」に分割された区分は、大名家所領を反映して飛び地が多く、中央集権のもとで中央政府の政策を地方に反映させることを目指した当時としては、極めて使いづらいものになっていた。そこで、まずはこれら藩が少し整理のうえ「県」に移行する。これがいわゆる「廃藩置県」である。これらの統合が順次進められ、時にあまりに統合しすぎて逆に非効率だと慌てつつ、1889年、ようやく1道3府43県という、現在の47の区分が確定。さらに第2次世界大戦中の1943年に東京府が「東京都」になり、これでようやく1都1道2府43県、すなわち「47都道府県」と言える状態になったのである。これが現在からおよそ80年前のことである。また、この間に地方もまとめ直され、京都を中心とみるのではなく複数のブロックで扱うことが多くなった。本シリーズで使っている区分で言えば、北海道・東北・関東・北陸・甲信・東海・近畿・中国・四国・九州及び沖縄の10地方区分だが、これは今も分け方が複数存在している。

　だいたいどのような地域区分にも言えることではあるのだが、地域区分は人が引いたものである以上、どこかで恣意的なものにはなる。一応1500年以上はある日本史において、この47都道府県という区分が定着したのはわずか80年前のことに過ぎない。かといって完全に人工的なものかと言われれば、現代の47都道府県の区分の多くが旧六十余州の境目とも微妙に合致して今も旧国名が使われることがあるという点でも、境目に自然地理的な山や川が良く用いられているという点でも、何より我々が出身地としてうっかり「○○県出身」と言ってしまう点を考えても（一部例外はあるともいうが）、それもまた否である。ひとたび生み出された地域区分は、使い続けていればそれなりの実態を持つようになるし、ましてや私たちの生活からそう簡単に逃れることはできないのである。

＊　　　＊　　　＊

　各都道府県ごとにまとめ直す、ということは、本シリーズにおい

ては「あえて」という枕詞がつくだろう。47都道府県を横断的に見てきたこれまでの既刊シリーズをいったん分解し、各都道府県ごとにまとめることで、私たちが「郷土性」と認識しているものがどのようにして構築されたのか、どのように認識しているのかを、複数のジャンルを横断することで見えてくるものがきっとあるであろう。もちろん、47都道府県すべての巻を購入して、とある県のあるジャンルと、別の県のあるジャンルを比較し、その類似性や違いを考えていくことも悪くない。あるいは、各巻ごとに精読し、県の中での違いを考えてみることも考えられるだろう。

　ともかくも、地域性を考察するということは、地域を再発見することでもある。我々が普段当たり前だと思っている地域性や郷土というものからいったん身を引きはがし、一歩引いて観察し、また戻ってくることでもある。有名な小説風に言えば、「行きて帰りし」である。

　本シリーズがそのような地域性を再発見する旅の一助となることを願いたい。

2024年5月吉日　　　　　　　　　　　　　　執筆者を代表して

　　　　　　　　　　　　　　　　　　　　　森 岡　　浩

目　　次

知っておきたい基礎知識　1

I　歴史の文化編　9

II　食の文化編　49

III　営みの文化編　107

Ⅳ　風景の文化編　147

【注】本書は既刊シリーズを再構成して都道府県ごとにまとめたものであるため、記述内
　　容はそれぞれの巻が刊行された年時点での情報となります

福島県

▌知っておきたい基礎知識▐

・県土面積：13,783 km²
・県内人口：176万人（2024年速報値）
・県庁所在地：福島市
・主要都市：郡山、いわき、会津若松、白河、喜多方、相馬、須賀川、二本松
・県の植物：ネモトシャクナゲ（花）、ケヤキ（木）
・県の動物：キビタキ（鳥）
・該当する旧制国：東山道陸奥国（むつのくに）→磐城国（いわきのくに）（浜通り）と岩代国（いわしろのくに）（中通り・会津）
・該当する大名：会津藩（会津松平氏）、中村藩（相馬氏）、福島藩（板倉氏、本多氏など）、白河藩（松平氏、阿部氏など多数）、三春藩（秋田氏）など
・農産品の名産：稲、キュウリ、モモ、ナシ
・水産品の名産：ヒラメ、サンマなど
・製造品出荷額：5兆1,411億円

●県　章

福島県の「ふ」の字を図案化したもの。

●ランキング1位

・**桐材生産量**　桐の木自体は全国に分布する（岩手県では県の花である）が、福島県が生産量としては全国の3〜4割を占める。その主産地は会津地区の西部地域であり、タンスや下駄への加工が多い。古くから産すること自体は知られていたが、名物といわれるまでに生産が盛んになったのは、会津沼田街道が整備されて関東方面への販路が開けた明治・大正時代以降ではないかという研究がある。

●地　勢

　南東北3県の一つであり、全国第3位の面積を持つ広大な県である。県土は太平洋沿岸部（浜通り）、阿武隈川流域を中心とした盆地群（中通り、古くは仙道とも）、阿賀野川上流部の会津盆地とその南の険しい山岳地帯に大別されるが、人口が集中するのは古くから奥州道中をはじめとした主要街道が通過してきた中通りである。県庁所在地の福島市や、人口が最も多い郡山市もここにある。一方で会津地方の若松、浜通りのいわきといったある程度大きい街が中通り以外にも存在する。

　海岸線は浜通り一帯に見られるが、出入りは少なく、流れ込む大きな川も存在しない。唯一、北部の相馬市にある松川浦が大きな砂洲を持つ潟湖として知られる。また、水域としてはもう一つ、中通りと会津の中間に横たわる，国内第4位の広さを持つ猪苗代湖が知られる。

　山岳地帯としては、中通りと浜通りを分ける比較的緩やかな阿武隈高地、会津地方の南部に連なる関東山地、会津地方と中通りを分ける安達太良山・吾妻連峰、会津富士とも呼ばれる磐梯山などの高山がある。とくに、会津南部は越後山脈にも連続するため特に峻嶮で、水源開発が行われた只見川や、自然保護地として名高い尾瀬などはここに位置する。

●主要都市

・**福島市**　県のかなり北側、古くからの歌枕である信夫山の麓を流れる阿武隈川を堀とする城と川港を中心に発達した町。戦前は生糸取引の中心地として、日本銀行の事務所が東北地方で初めて開設されたほどの賑わいを誇った。モモなどの果樹栽培も盛ん。

・**郡山市**　県の中央部に位置する都市。県発足時点で既に人口の増大がみ

られ栄えていた奥州街道の宿場町であったが、急速な発展は猪苗代湖からの安積疏水（あさかそすい）により、周辺の原野の開墾（かいこん）が進んでからである。県を東西に横断する磐越西線・磐越東線はここで東北本線と交差する。

・**会津若松市**　江戸時代初期以降、東北地方の有力大名ににらみを利かせる松平氏会津藩の本拠として栄えた城下町。戊辰戦争では攻城戦の現場となって甚大な被害を出しているものの、その後の復興により七日町などは明治期の風情を残す。

・**いわき市**　城下町にはじまる平、港町の小名浜（おなはま）、炭鉱都市の内郷などが1966年に合併してできた、当時は日本最大面積を持った市町村。常磐線をはじめとする主要交通網の方向もあって、どちらかといえば茨城県や関東地方とのつながりが深い。

・**白河市**　奈良時代以来、奥州すなわち東北地方への入り口とみなされてきた「白河の関」があった場所。後代においても、幕府直轄の奥州道中の区間は白河までとされるなど、一種の心理的区切りであった。

・**喜多方市**　喜多方ラーメンでも有名な、会津盆地の北側に位置する「蔵の街」。有名なその風景は、戊辰戦争で大きな被害を受けた後に復興した街並みである。

・**相馬市**　戦国時代から江戸時代末期まで同じ地域での領有を成し遂げた豪族、相馬氏（そうまうじ）の本拠である中村に由来する町。馬の名産地としても知られていた。

・**二本松市**　郡山など中通り中部を江戸時代に支配した二本松藩の、城下町兼宿場町に端を発する都市。

●主要な国宝

・**阿弥陀堂（白水阿弥陀堂）**　いわき市にある平安時代の仏堂建築。伝承によれば、奥州藤原氏繁栄の基盤を築いた12世紀初期の当主藤原清衡（ふじわらのきよひら）の娘が、夫の供養のために建立したと伝えられている。東北地方にわずかに3つしかない平安時代の建築の一つである。また、寺院の周辺には浄土式庭園と呼ばれる、池と中島を主体にした平安時代風の庭園が広がっている。

●県の木秘話

・**ネモトシャクナゲ**　福島市の西にある吾妻山を中心にみられる白い花。シャクナゲ内の種としての同定は1909年に植物学者の牧野富太郎によって

なされている。

・ケヤキ　日本列島のみならず東アジア一帯に広く分布する落葉高木。福島県内には、福島市飯坂の古舘の大ケヤキ、南会津の中山の大ケヤキなどいくつかの名木が知られている。

●主な有名観光地

・会津若松城　1592年に領主となった蒲生氏郷（がもううじさと）による改修に始まる、近世会津の政治的中心地。赤瓦の天守閣は戊辰戦争では何とか持ちこたえたが痛みが激しく解体。現在の天守閣は戦後に復興されたものである。若松城下町にはこのほか、図面をもとに復元された藩校日新館（にっしんかん）（場所は当時とは違う）もある。

・尾　瀬　越後山脈の山中に広がる高層湿原。清浄な空気の中に水芭蕉の花が咲く風景は、高原の代名詞として愛されてきた。なお、東京電力がこの地域の保護にあたっているのは、もともと戦前に水力発電所計画に伴って用地買収していた会社を、戦後の東京電力が引き継いだことによる。

・松川浦　浜通り北部にある広大な潟湖。風光明媚な風景で知られ、またホッキガイを名産とする漁港でも知られる。なお、浜通りは全体的に小さな平野とその間の段丘が繰り返されて降水量が少ない、という地形を持つ。

・磐梯山と五色沼（ばんだいさん）　会津富士とも呼ばれる磐梯山と、その裏側に広がる五色にもたとえられる湖沼群をさす。1888年に発生した水蒸気爆発によって山体崩壊が発生し多数の犠牲者を出した一方、川のせき止めによる湖沼の形成と、その後の植樹事業によって、現在みる緑豊かな保養地が形成された。また、近隣の安達太良山や吾妻小富士も活発な火山として知られる。

・飯坂温泉　福島市の北郊外の山麓にある温泉地。伝説ではヤマトタケルの東方遠征のころ、記録上では少なくとも平安時代には知られていた古い温泉地である。同じ市内の信夫山は、近隣の「もじすり」という染物の名産と相まって、恋の歌などの歌枕として知られてきた。百人一首の「みちのくのしのぶもじすり誰ゆえに乱れそめにしわれならなくに」の歌が有名。

●文　化

・相馬野馬追（そうまのまおい）　14世紀以来の600年にわたり、浜通りで領主相馬氏を中心に行われてきた馬追の神事と軍事演習。かつてはその名の通り、馬を放った野において行われていた。現代でも鎧武者のそろったその行列や戦いは

圧巻である。また、古くは少し内陸にある三春あたりにも野生馬がいたと伝えられている。

・**赤べこ**　会津地方の代表的な民芸品であり、赤い色は疱瘡（天然痘）の魔除けだと言われている。

●食べ物

・**福島円盤餃子**　第二次世界大戦後に満州から引き揚げてきた人が、当地の餃子の製法を覚えて売り出したものが広まったもの。フライパンで焼いて基本的に円盤状になったものを出したためにこの呼び名が広まったという。ほかに餃子で有名な宇都宮と浜松に比べると消費量は少ない。なお、大戦前に福島県から満州に移民したものは1万人以上を数えるともいわれ、引揚者がさらに福島県内に開拓村を作らざるを得なかった事例もある。その意味でも戦後の福島県の一面を表すといえるだろう。

・**こづゆ**　会津地方で食される、貝柱やシイタケなどのだしで野菜を煮込んだ料理。その貝柱などの乾物は、阿賀野川を通じて新潟・日本海から運ばれたものに由来する。近代においても上越線開通まで、東京〜新潟間の主要ルートの一つとして磐越西線を経由した会津若松回りが存在していたほど、新潟方面とのつながりも深い地域であった。

・**いかにんじん**　乾物のイカと千切りにした人参をたれに付け込んで会えたもの。製法も簡単なため100年以上前から食されている。また、最近の研究で、一時領地を福島県内に持つことになった松前藩を介して、北海道の郷土料理である松前漬けとの関連があったのではないか、と推測されている。

・**ほっきめし**　相馬地方の沖合が名産地として知られるホッキガイをごはんに炊き込んだ料理。浜通りは白魚やカツオなどの漁場としても知られている。

・**喜多方ラーメン**　大戦前に中国からやってきた青年が始めたラーメンがいつの間にか根付いていたという。原因の一つは、喜多方では醸造業が盛んなためにスープにつかう醤油などを確保しやすかったこと、扇状地に発達した喜多方の町の地形上、麺を作るための水も確保しやすかったことではないか、とされる。

●歴　史

●古　代

　福島県で古墳が多い地域は中通り中部〜北部地方と浜通りだが、会津にも大きな古墳がみられた。令制国が成立する7世紀には、すでに宮城県までの当時の辺境地域を管轄する国としての陸奥国が設置されたものと考えられている。すなわち、現在も県境となっており、かつ後代には奥州の入り口として歌枕にもなる白河の関と勿来の関の北側である。なお、718年頃に信夫郡（福島市）を中心に石背国がおかれた、という記録があるのだが、数年で取りやめられている。

　エミシに対して拡大を続ける地域の後背地、という地方の性質は、例えば、他国で律令制に基づく軍団制度（農民に軍事への徴収義務を課すもの）が廃止された中でもこの地方では平安時代中期ごろまで維持されたこと、戦いの為の鉄器の旺盛な需要から、浜通り北部の相馬地方を中心に製鉄が多数行われたとみられる遺跡があることなどに見てとることができる。

　また、会津地方の方も東西交通上重要で、東北地方で唯一「古事記」に名称が出ていると考えられている。その記述によれば北陸側を征服しつつ進んでいた将軍と、東山道側を進んでいた将軍が合流した場所が会津であるとされる。また、会津には平安時代を通じて慧日寺という巨大な寺院があること、またこの地域の巨大古墳の存在からも、阿賀野川の水による農地開発が内陸には珍しく容易だった会津が重視されていたのでは、と推定されている。

●中　世

　東国の事例にもれず、現在の福島県域にも多数の武家が平安時代後期には成立しており、その多くは、北から勢力を広げた奥州藤原氏に従っていたものと考えられている。その中でも有名なのは、信夫地区の郡司を任された佐藤氏であろう。いわゆる「狐忠信」など、義経伝説に絡んで登場する郎党佐藤忠信の出身とされる。他地域とのつながり、という点では、会津地方には越後北部に勢力を張る城氏が阿賀野川沿いに勢力を広げ、中通りでは東山道が白河の関から津軽に至るまで、奥州藤原氏主導で整備されたと伝えられている。

しかし、その秩序も1189年に終りを迎える。この年、源頼朝は弟義経が殺害されたことを口実に奥州藤原氏へと出兵。奥州藤原氏側は阿津賀志山（現在の国見町）という、東山道と阿武隈川の谷筋が接近する要所に防塁を築き軍勢を防ごうとするものの敗北し、そのまま多賀城、平泉までを落とされた奥州藤原氏は滅亡した。また、会津にまで進出してきた越後の城氏も急速に鎌倉時代初期に衰え、代わって関東地方にルーツを持つ御家人が続々と領地を与えられ、後にこの地方の有力な豪族となる蘆名氏（芦名氏）、相馬氏、伊達氏、結城氏などにつながっていく。この出兵時の侵攻路たる鎌倉街道と、奥州藤原氏が整備した街道は結合し、中世の奥大道という、奥州最大の幹線道路を形成していく。

　室町時代にもこの時の豪族はおおむね引き続きこの地を支配するが、関東地方を管轄する鎌倉府に従うものと、京都の幕府に従うものとの間で度々深刻な争いがおこり、そこからの騒乱は戦国時代には決定的になる。その中で台頭したのが会津の蘆名氏と、中通り北部の伊達郡の伊達氏で、特に伊達政宗の治世においては、当時「仙道六郡」と呼ばれていた中通りや会津など福島県全域と置賜地方・宮城県域の大半を制圧した。しかし、それとほぼ同時期に豊臣秀吉の小田原攻めに伴う全国統一への流れが決定的となった。これに伴い、伊達氏は現在の宮城県を中心とした領地が設定され、一方の会津には上杉氏が移転するなどの配置換えが発生する。

　そして、関ヶ原の戦いの引き金となる徳川家康による上杉家攻めが起こったのが1600年のことであり、そして、戦いの結果としてまたもや諸大名の配置が大きく変わることになる。

● 近　世

　江戸に対しては後背地、かつ奥州方面に抜けるにあたって必ず通らなければいけない土地にあたっていた福島県には、一部を除き徳川家に近い大名が多数配置された。筆頭は二代将軍徳川秀忠の異母兄弟に始まる会津の松平家で、新城若松から放射状に越後・白河・米沢・二本松・日光に向かう街道が整備された。奥州道中の幕府直轄区間の終点とされた白河、上杉家の石高削減（忠臣蔵で有名な元禄赤穂事件の少し前まで、上杉家は米沢がある置賜と、福島がある伊達郡の双方を支配していた）後は米沢に最も近い城となった福島も、転封が何回かあったとはいえ主に譜代が配された。老中として有名な松平定信も、白河の城主である。浜通りの相馬家、三春

の秋田家のように外様もいたが、石高は少ない。

　後の県域は江戸時代には度々冷害に悩まされた一方、特産品もこの時代に多く成立している。会津の薬用人参や蝋、相馬の焼き物、福島周辺の生糸などである。

● 近　代

　福島県の近代は戊辰戦争（ぼしんせんそう）で幕を開けた。幕末に京都守護職を務めていた会津藩主松平容保（まつだいらかたもり）の朝敵指定解除の取り組みから始まったものが、奥羽越列藩同盟に発展し、1869年に白河や二本松をはじめとした各地で新政府軍との戦闘が勃発したのである。が、激戦とはいえ新政府軍が徐々に侵攻し、同年秋、若松城での1か月にわたる籠城戦の末に会津藩は降伏。これにより東北地方は新政府の支配下にはいった。福島県の設立にあたっては、先だって若松県、磐前県、福島県にまとめられたうえで1876年に三県統合となっている。

　それ以降の福島県は東北地方の入り口かつ東京の後背地となり、とくに常磐炭田は東京に最も近いエネルギー供給地であった。その中でも、福島市は当時生糸取引の中心地として、また交通上も日本海方面に向かう奥羽本線の分岐点になったこともあって繁栄した。最近ではこの繁栄の時代に育った作曲家として古関裕而（こせきゆうじ）がドラマにも取りあげられている。また郡山周辺の原野が安積疏水によって開拓され、現在の県内人口最大都市である郡山の基盤となっている。

　しかし、エネルギー供給地としての福島は、まず常磐炭田が戦後に衰退していく。只見川（ただみがわ）の電源開発（1960〜70年代）や，浜通りの原子力発電所設置（1970〜80年代）が代わって行われるが，それから数十年後、東京電力福島第一原子力発電所で2011年東日本大震災に伴い水蒸気爆発とメルトダウンが発生した。このことは現在にいたるまで、浜通り地方の中央部を中心に多数の故郷喪失者を生み出す惨事となっている。

　とはいえ、寸断されていた常磐線の全線開通、浜通りの大半の地域でのインフラ整備、漁業の活発化などは進んでいる。

【参考文献】
・吉村仁作ほか『福島県の歴史』山川出版社、2009
・福島県編『福島県史』全11巻、臨川書店、1984-86

I

歴史の文化編

遺　跡

天神原遺跡（土器棺墓）

地域の特色　　　福島県は、東北地方の最南端に位置する。東は太平洋に面し、西は越後山脈を境として新潟県と接し、東北地方最高峰の燧ヶ岳や尾瀬ヶ原を境として、西南の一部を群馬県に接する。南は茨城・栃木県、北は宮城・山形県に接している。県中央に奥羽山脈が走り、県東側には阿武隈高地が広がる。阿武隈高地を境として東の海岸沿いを「浜通り」、宮城県側へと流れる阿武隈川を軸として、福島盆地や郡山盆地の広がる県中央部を「中通り」、奥羽山脈が位置し、猪苗代湖、会津盆地を中心に山がちの地形の広がる「会津」の3つの地域に区分されている。

縄文時代の貝塚は浜通りに点在し、太平洋沿岸に沿って東北地方と関東地方との文化的影響を多分に受けて、多様な発展を見た。他方、会津盆地では、縄文時代前期末に噴火した沼沢火山の噴出物が堆積するなど不安定な生活環境であったと推定され、遺跡の分布は希薄である。弥生時代以降は、中小河川の河口部や盆地の扇状地などに集落遺跡が点在するが、丘陵の谷地形を利用した水田跡が番匠地遺跡（いわき市）で検出されるなど、沖積平野や扇状地以外の土地利用が認められる点は興味深い。

古代は陸奥国にあたり、現在の栃木県境に5世紀には白河関（白河市）が置かれ、「蝦夷」の地との境を示す軍事上の要衝とされた。源頼朝の奥州征伐後、白河地方は結城（後の白河）氏が治め、佐竹氏に征服される。会津地方は中世以降蘆名領であったが、後に伊達領となり、上杉領を経て、江戸時代は保科（松平）氏となった。白河地方は蒲生氏郷の支配下の後、上杉氏が治め、近世は丹羽氏が幕末まで領した。浜通りは奥州征伐後、千葉氏の一族相馬氏が宇多郡、行方郡を治め、戦国時代には相馬氏、田村氏、蘆名氏、佐竹氏、伊達氏などが群雄割拠したが、小田原征伐後は岩城・相馬氏が統治。関ケ原の戦後、西軍に与したとして両氏とも領土を没収。しかし、相馬三胤が幕府に陳情し、浜通り北部は中村藩相馬家の領地となっ

凡例　史：国特別史跡・国史跡に指定されている遺跡

た。岩城氏の領地は譜代が治めた。近世には11藩領と、14藩の飛地領、天領が置かれたが、戊辰戦争で新政府軍に抵抗したため、一時的に領地は没収された。1871年、白河、二本松、棚倉、高田、刈谷、青森、三池、石岡県の分県が統合。二本松県となるが、直後に福島県と改称。1876年には福島県、磐前県・若松県が合併。亘理・伊具・刈田郡は宮城県へ編入された。1878年には伊達郡湯原村が宮城県へ編入。1886年には東蒲原郡が新潟県に編入され、県域が確定した。

主な遺跡

仙台内前遺跡
せんだいうちまえ

＊福島市：阿武隈川支流、水原川左岸、標高約225mに位置　**時代**　縄文時代草創期

　1987年に発掘調査が行われ、石器および土器の集中域を2カ所、住居跡1軒を検出した。A地点北ブロックでは打製石斧、磨製石斧や石鏃とともに縄文時代草創期の「爪形文土器（つめがたもん）」が認められた。また、石器製作に伴う石屑（いしくず）が大量に検出されており、その付近に完成した石器（磨製石斧・打製石斧・半月形石器（はんげつがた）・円盤状石器（えんばんじょう））を埋めたと思われる痕跡も検出された。また、A地点南ブロックでは竪穴住居跡が発見された。その形態は浅く地面を掘りくぼめ、8本の柱穴が確認された。炉は存在せず、屋外で煮炊きをしていた可能性が考えられる。

　県内では、高山遺跡（白河市）（たかやま）、達中久保遺跡（石川町）（たっちゅうくぼ）などで発見されているが、仙台内前遺跡の出土遺物は質量ともに最も豊富である。

新地貝塚
しんち

＊相馬郡新地町：阿武隈高地の丘陵に連続する低位段丘、標高約20mに位置　**時代**　縄文時代中期〜後期　　　**史**

　1924年に東京大学人類学教室と山内清男（やまのうちすがお）により発掘調査が実施された。貝塚南側のA・B地区で行われ、貝塚の貝層ごとに重層的な調査が行われ、縄文時代後期後半から晩期前半にかけての土器型式の変遷がとらえられたことで、学史的にも名高い。また多種類の骨角器・貝輪などの装飾品、石器も多く出土した。貝塚の西にある手長明神社跡（てながみょうじんじゃあと）とともに国指定史跡となっており、小川貝塚とも呼ばれる。なお、貝塚の存在は江戸時代から知られており、『奥羽観蹟聞老志』（おううかんせきもんろうし）（佐久間洞巌（さくまどうがん）、1719年）には、貝塚生成伝説が載っている。

寺脇貝塚
てらわき

＊いわき市：小名浜湾北側の低い舌状台地、標高14m付近に位置　**時代**　縄文時代後期〜晩期

　1950、57、61、65年に発掘調査が行われている。小名浜湾の東端に突

き出す三崎の基部にあたり、AからCの3地点に貝層が認められた。主体はA地区であり、晩期の資料が多数検出されている。B地区は後期後半の資料を重層的に検出し、C地区は晩期資料が主体である。貝層の主体は、クボガイ、サザエ、イボニシなどの岩礁性巻貝であり、多数の鹿骨製の漁労具も出土している。特に、結合式釣針と閉窩式回転銛頭は「寺脇型」とも呼ばれている。土器は後期では関東の影響が強く、晩期になると東北の影響が強くなるとされる。現在は、墓地造成や宅地開発により遺跡は消滅した。

　浜通り南部は多数の貝塚を有しており、例えば岬の突端には綱取貝塚（いわき市）があり、縄文時代後期主体で岩礁性巻貝が多く、魚類ではマダイ、クロダイなどが出土している。釣針などは東北地方の影響が強い。また本遺跡の北方、海岸沿いには薄磯貝塚（いわき市）がある。薄磯貝塚では縄文時代後期〜弥生時代中期の遺構や遺物が検出されている。岩礁性の貝類を主体として、寺脇遺跡同様に多数の漁労具が認められる。魚類遺体はマダイ、スズキ、クロダイ、マグロなどで、外洋性の漁労活動が行われていたと推測される。ほかに多数の岩版やカニの線刻画が出土しており、鹿角やアワビを配置した祭祀を示唆する遺構も検出されている。

西方前遺跡 （にしかわまえ）

　＊田村郡三春町：大滝根川西岸の氾濫原上、標高約270mに位置　**時代** 縄文時代中期後半〜弥生時代

　三原ダム建設工事に伴い、1984〜86年にかけて4次にわたって発掘調査が行われた。縄文時代中期後半〜末の竪穴住居跡18棟、縄文時代後期前半の住居跡8棟（うち敷石住居跡3棟）、縄文時代晩期の住居跡8棟、縄文時代後期の配石墓36基、などが検出された。住居跡の特徴として、中期後半の炉は、炭の堆積した土器埋設部と焼成痕のある石組部、前庭部からなる「複式炉」を呈している。福島県や宮城県、山形県南部に事例が認められることから、その機能に関心が寄せられている。

　他方、敷石住居跡もきわめて特異であり、円形と方形をつなぐ平面形状を呈し、例えば3号敷石住居跡は全長11mの大型住居だが、炉脇に石棒が立てられ、敷石上から大型土偶の腰の部分とシカとイノシシの焼骨片が出土した。こうした敷石住居跡は、同じく三原ダム建設に伴い発掘調査が実施された柴原A遺跡（三原町）でも8棟検出されている。加えて、敷石住居跡の近くやその周辺に、配石遺構が36基検出された。それぞれ数基のまとまりで形成され、配石の下には土坑を伴い、うち1基からは土坑底面より成人男性の歯が出土した。こうした点から配石遺構は墓跡と考

えられており、柴原A遺跡でも55基が確認された。

　これらの敷石住居跡や配石墓については、その性格や機能をめぐってさまざまな議論が行われている。基本的には祭祀に関わる遺跡として評価されつつあるが、今後の資料的蓄積が必要といえる。なお、いずれの遺跡も、遺構上面に厚い砂の堆積層が認められ、縄文時代後期前半に大洪水があった可能性も指摘されている。

荒屋敷遺跡 （あらやしき）
＊大沼郡三島町：只見川南岸、旧倉掛沢が形成した標高約260mの扇状地に位置　**時代** 縄文時代晩期～弥生時代前期

　1985～86年にかけて、国道252号線改良工事に伴い発掘調査が実施された。低湿地であったため、縄文時代晩期～弥生時代前期の土器、石器とともに木製品を中心とした有機質遺物を大量に含んだ包含層が検出され、遺物の総数は約2万点を数える。縄文時代晩期の掘立柱建物跡やクリ材を用いた直径約40cmの柱群や土坑も検出されている。有機質遺物では、漆塗木弓、石斧の柄、木製浅鉢、コップ形木製品があり、半加工品も認められることから、製作工程を知ることができる。また、漆塗竪形櫛やヘアピン状製品、編布、繊維加工品などが認められる。これらの漆製品には、多様な技法が確認され、縄文時代晩期の高度な工芸技術を示す重要な遺跡といえる。また特筆される遺物として、ほぼ完形に近い遠賀川系の壺形土器が縄文時代晩期の土器群とともに出土し、東北地方における弥生文化との接触のあり方を示すものとして注目される。

天神原遺跡 （てんじんばら）
＊双葉郡楢葉町：阿武隈高地より東に伸びた双葉段丘、標高約40mに位置　**時代** 弥生時代中期

　1962年に弥生時代の合蓋土器棺墓が発見され、1964年、65年に発掘調査が行われた。さらに1979年にも調査が行われ、土坑墓48基、土器棺墓32基などが確認された。東日本では最大級の弥生時代中期の墓跡である。土器棺墓は遺跡の北西と中央、南東に集中し、土坑墓も同様に群を形成している。土器棺は当初から別個体のものと1個の土器を身と蓋に分けたものが存在する。土坑墓からは赤色顔料を底面などに施したものや副葬品として第1号から流紋岩質凝灰岩の半玦状小型勾玉58、第2号からも同じく小型勾玉26と管玉1が出土している。こうした副葬品から、土坑墓は成人を、乳幼児は土器棺墓へ埋葬した可能性が指摘されている。墓の分布状態から、それらが地縁的な集団の関係を示唆しているとも推測されている。土器棺に多用される弥生土器は、桜井式に後続する弥生中期末の天神原式に比定されている。

会津大塚山古墳
あいづ おおつかやま

＊会津若松市：会津盆地東縁山地の西側の独立丘陵、標高約 270m に位置　時代　古墳時代前期　史

　1964年に発掘調査が行われた。東北地方最古級の前方後円墳とされ、1984年の測量調査の結果、主軸長114m、後円部径約70m、前方部幅54mを測ることがわかった。後円部はやや西側にふくらみ、くびれ部東側に張出し部が存在する。後円部中央に南北主軸に直交する2基の木棺が検出された。南棺は長さ8.4m、幅1.1m、北棺は長さ6.5m、幅約1mを測り、それぞれ割竹形木棺を粘土塊で押さえていた。南棺からは倣製三角縁唐草文帯二神二獣鏡、変形神獣鏡、硬玉製勾玉、碧玉製管玉、琥珀製算盤玉、ガラス製小玉、竹櫛、鉄製三葉環頭大刀、鉄剣、鉄小刀、銅鏃、鉄鏃、直弧文漆塗靫、槍鉋、鉄斧、砥石、石杵などが、北棺からは捩文鏡、碧玉製管玉、碧玉製紡錘車、鉄製直刀、鉄剣、銅鏃、鉄鏃、靫、鉄斧、鉄製刀子などが出土した。三角縁二神二獣鏡は鶴山丸山古墳（岡山県備前市）出土鏡と同笵であるとされる。東北地方において、こうした豊富な副葬品が出土した古墳は少なく、畿内との関わりを示唆する事例として貴重である。築造年代は4世紀の第3四半期と考えられている。墳丘は大塚山古墳として国指定史跡、出土遺物は「会津大塚山古墳出土品」として国指定重要文化財となっている。

清戸迫横穴
きよとさくおうけつ

＊双葉郡双葉町：阿武隈高地東縁、前田川南岸の丘陵、標高350mに位置　時代　古墳時代後期　史

　1968年、学校建設に伴う敷地造成工事に際して、双葉町教育委員会によって調査が行われた。凝灰岩を基盤とする丘陵に53基の横穴墓が発見され、未掘の横穴墓を加えると200基以上になると考えられている。横穴墓群は谷筋に沿って16の支群により形成されている。1つの群あたり、数基から数十基で構成されているが、必ずしも普遍的なものではない。特に注目された横穴墓は76号横穴墓である。装飾壁画が玄室（奥行3.1m、幅2.8m、高さ1.5m）の奥壁に描かれており、中央付近に半時計回りに収束する渦巻文を大きく描く。そして、渦巻きの外側の先端は、右側に描いた人物像の肩部に連結させている。人物像は帽子をかぶり、向かって右側の腕を横に上げ、左側の腕は腰に、そして足をハの字にして立っている。さらに右側端にも、小さめに馬上人物像が描かれ、この人物像も帽子をかぶり、両手を横に広げている。人物像は渦巻文の左にも1人描かれており、渦巻文の下にも、右に鹿、左側に鹿を矢で射ろうとしている人物や犬が描かれる。この壁画は赤1色で表現されて、出土遺物は認められていないが、

8号横穴墓からは鉄製頭椎大刀、挂甲小札、鉄斧、鉄鏃など武器・武具も出土しており、おおむね7世紀代のものと考えられている。浜通り地方には中田装飾横穴（いわき市）や羽山装飾横穴（原町）など、装飾壁画をもつ横穴墓があり、注目される。なお清戸迫横穴は、2007年に奥壁に析出した白色物質（岩盤中の塩分と推定）が発見され、町教育委員会による対策工事が行われていたが、東日本大震災における福島第一原子力発電所の事故により途絶。2017年現在、帰還困難区域のため一般の立入りができない状況にある。

大戸古窯跡群

＊会津若松市：会津盆地南東端、標高300mの丘陵斜面に分布 **時代** 奈良時代後半～室町時代

　1982年に南原地区の大規模果樹園開発に伴い、南原19号・25号窯跡が発掘されたことで認知された。1986年、87年には会津若松教育委員会によって分布調査が行われ、東日本で最大級の規模をもつ古窯跡群であることが明らかとなった。会津若松市の大戸町宮内、上雨屋、南原、香塩に、須恵器窯や中世窯が200基以上点在しているとされる。1989年に調査された南原33号窯跡は、全長4.9m、小型半地下式の8世紀後半の窯で階段状の構造になり、小型の杯、椀類などを焼成していたものと考えられる。また、9世紀前半の窯と考えられている南原19号窯跡は、全長6.9mで、階段構造の地下式窯跡であり、一部天井が残されていた。焼成部には、排水や大甕など大型の製品の出し入れに対応した凹状の舟底形ピットが確認されている。南原19号・25号窯跡の遺物としては、杯、蓋、皿、擂鉢、鉢、壺、甕、水甕、水瓶、長頸壺、双耳瓶、平瓶、横瓶、円面硯、窯道具など、多様な器種が発掘された。また、南原19号窯跡から出土した杯、焼台の底部には、「神」「佛」などヘラ描きが施された遺物も検出されている。

　そして、1990年に調査された上雨屋7号窯では、10世紀と推定される掘立柱建物跡と須恵器を製作した工房跡が発見された。床面に残るロクロ穴の痕跡からは、東海系の須恵器窯の影響が濃厚と考えられている。大戸窯の製品供給の範囲は、東北地方はもとより南は関東地方まで出土例がある。窯は8世紀中葉には開窯し、途中11世紀代の中断を挟んで、12世紀後半には中世陶器の生産を開始、14世紀前半まで約600年間操業していたと考えられており、さらなる窯跡の発掘調査が期待される。

国宝 / 重要文化財

さざえ堂

地域の特性

東北地方の南部に位置する。南北に並列する三つの山地と三つの低地からなり、全体的に山地や丘陵地が多い。東側は阿武隈高地から太平洋に向かって丘陵、台地が連なり、沿岸に沖積地が広がり、浜通りという。中央は奥羽山脈と阿武隈高地にはさまれて、阿武隈川流域の郡山盆地、福島盆地の平地が連続してのび、中通りという。西側は、磐梯山、飯豊山、越後山脈、奥会津などの山地地域が広がり、北寄りに会津盆地、その東に猪苗代盆地があって、会津地方と呼ばれている。浜通りは山と海の資源に恵まれていたが、2011年の福島第1原子力発電所事故で大打撃を受けた。中通りは古来関東と東北を結ぶ街道筋として栄え、政治経済の中心である。会津地方は主要な交通網から外れるが、水田農業が発達している。

4世紀後半に大型の前方後円墳が築造され、西方の大和王権と関連性を示す豪族がいた。古代律令制の時代には、大和王権による北方蝦夷の侵攻に、軍事的負担を強いられた。中世には争乱が続き、戦国時代には山形県の米沢にいた伊達氏と会津の蘆名氏が勢力を競った。江戸時代になると蒲生氏の会津藩、立花氏の棚倉藩、相馬氏の相馬中村藩、鳥居氏の磐梯平藩が置かれたが、その後改変されて中小11藩の乱立となった。明治維新の廃藩置県で、多数の藩が統合されて福島県ができた。

国宝 / 重要文化財の特色

美術工芸品の国宝は2件、重要文化財は61件である。再葬墓という弥生時代に東日本で独特だった埋葬方法を示す考古資料が重要文化財になっている。会津地方の河沼郡湯川村勝常寺に、国宝 / 重要文化財になっている平安時代の仏像が多数ある。建造物の国宝は1件、重要文化財は34件である。古代から近世にかけて有力な地方統治者が定着しなかったからであろうか、勝常寺を除いて、文化的財宝や建造物の顕著な集中、蓄積を見い

　凡例　●：国宝、◎：重要文化財

だすのは困難である。

◎会津大塚山古墳出土品
あいづ おおつかやまこ ふんしゅつ どひん

会津若松市の福島県立博物館で収蔵・展示。古墳時代前期の考古資料。会津大塚山古墳は会津盆地の南東部、標高259mの独立丘陵に立地する長さ114mの前方後円墳で、4世紀中頃の築造と推定されている。1964年に調査され、後円部から2基の巨大な割竹形木棺の埋葬された跡が見つかった。南棺からは三角縁神獣鏡、変形神獣鏡、硬玉製勾玉、碧玉製管玉、ガラス製小玉、三葉環頭大刀、鉄剣、鉄鏃、銅鏃、直弧文漆塗り靫、鉄斧、鉇、砥石など、北棺からは捩文鏡、紡錘車形碧玉製品、碧玉製管玉、直刀、鉄剣、鉄鏃、銅鏃、靫などが出土した。これらの副葬品は、近畿地方で築造されていた前期古墳の副葬品の内容ときわめて近く、東北地方でも西日本と同様に古墳文化が開始していたことを示している。三角縁神獣鏡は、縁の断面が三角形をして神や獣の文様を描いた銅鏡である。同じ鋳型で製作された同笵鏡が各地の前期古墳で出土していることから、服属した各地の首長に、大和王権から服属の証として配布されたと考えられている。会津大塚山古墳の三角縁神獣鏡は東北地方で出土した唯一のもので、岡山県の鶴山丸山古墳と同笵関係にある。

●薬師如来及両脇侍像
やくし にょらいおよびりょうきょうじ ぞう

湯川村の勝常寺の所蔵。平安時代前期の彫刻。中尊に薬師如来の坐像、向かって右側に日光菩薩、左側に月光菩薩の両脇侍の立像を配置した一般的な薬師三尊像である。3尊とも東北地方特有のハルニレ材を用いて、一材からほぼ全容を彫り出した一木造である。薬師如来は左手に薬壷をのせる。肩幅の広いがっしりとした体部で、衣文は襞が深くうねるような力強い翻波式衣文である。覆いかぶさるような螺髪、突き出した唇などは平安時代初期の作風である。両脇侍はそれぞれ対称的に腰をひねり、片腕を曲げて立つ姿で、腰高でのびやかな均整の取れた肢体に奈良時代風の様式がうかがえる。ほかにも勝常寺には平安時代の仏像が多数あり、十一面観音立像（観音堂安置）、聖観音立像、地蔵菩薩立像、四天王立像、地蔵菩薩立像（雨降り地蔵）、天部立像が重要文化財に指定されている。勝常寺は会津を代表する古刹で、創建当初の寺院名は不明だが、中世以降勝常寺と称している。9世紀初頭に法相宗僧の徳一が会津地方で、慧日寺（現恵日寺）を開いたことが知られていて、勝常寺も徳一による開基と伝えられているが、明らかでない。しかし徳一の布教活動と仏像造立に何らかの関連性が

予想されている。

◎**東都名所図** 須賀川市の須賀川市立博物館で収蔵・展示。江戸時代後期の絵画。司馬江漢に続いて活躍した洋風画家、亜欧堂田善（1748〜1822年）による19世紀初頭の銅版画である。亜欧堂田善の本名は永田善吉といい、須賀川で代々酒造業や農具商を営む商家に生まれた。洋風画の制作を始めたのは50歳頃で、その契機となったのは幕府老中職を辞した白河藩主松平定信と出会い、画才を認められて江戸に出府し、銅版画による世界地図の作成を命じられたからだという。田善の代表作は江戸名所を描いた風景銅版画であるが、日本最初の銅版画による医学書の解剖図「医範提綱内象銅版図」、世界地図の「新訂万国全図」などの学術的銅版画も手がけている。

東都名所図は縦10.6cm、横15.3cmの小判の銅版画25図からなり、上野池之端の大槌屋風雲堂が企画・刊行して、江戸の土産品になったようである。遠近法、陰影法を巧みに使い、江戸市井のさまざまな人物、風俗を風景の中に織り込んでいる。例えば品川月夜図は、行灯に照らされたすらりとした一人の婦人が、眼下に広がる満月の品川沖を見渡すという情緒に満ちた場面である。一方、日本橋魚郭図では、大勢の人でごった返す魚市場の活況が描かれ、遠景の日本橋の上にもたくさんの人が往来している。二州橋夏夜図は、隅田川の川開きで両国橋（二州橋）上空で炸裂する打ち上げ花火を、エッチングならではの技法で見事に表現している。

●**阿弥陀堂** いわき市にある。平安時代後期の寺院。願成寺にあり、白水阿弥陀堂といわれている。藤原秀衡の妹徳尼が、夫である磐城の豪族岩城則通の冥福を祈って建立した無量寿院に始まると伝えられている。背後の経塚山の尾根が三方を囲み、阿弥陀堂前方から左右にかけて大きな苑池が広がる浄土庭園となっている。池の北岸中央の大中島に、南面して阿弥陀堂が建ち、前方に南北の橋を架け渡す。阿弥陀堂は方3間で、柱上の組物は出組、中備は間斗束である。屋根は宝形造で勾配がゆるく、軒先端の反り上がりは小さい。内部は四天柱内の後ろ寄りに高欄付黒漆塗り須弥壇を構え、本尊の阿弥陀三尊像と、持国天・多聞天立像を安置する。板壁内面、四天柱、内法長押、支輪、天井、来迎壁などに仏像や装飾文様が描かれていたが、現在は剥落してほとんど識別できない。12世紀後半に浄土信仰をもとに、奥州藤原氏の勢力圏内で造営された阿弥陀堂で、中尊寺金色堂との類似性が指摘されている。おそらく

創建当時は、極彩色で装飾された小さな阿弥陀堂を中心に、極楽浄土が表現されていたのだろう。

◎旧五十嵐家住宅
<ruby>旧<rt>きゅう</rt></ruby><ruby>五十<rt>い が</rt></ruby><ruby>嵐<rt>らし</rt></ruby><ruby>家<rt>け</rt></ruby><ruby>住宅<rt>じゅうたく</rt></ruby>

<ruby>只見町<rt>ただ み ちょう</rt></ruby>にある。江戸時代中期の農家。1973年に現在地に移築されたが、移築修理の際に、1718年4月に滝口大作という人物が建てたことが墨書きによって判明した。<ruby>直屋式<rt>すごや しき</rt></ruby>の本百姓の民家で、<ruby>桁行<rt>けたゆき</rt></ruby>7間、<ruby>梁間<rt>はりま</rt></ruby>4間、向かって右側から中央に広い土間を持つ3間取りである。日本海側に多く見られる太い部材を使用した家屋で、力強い印象を与える。長い間にさまざまな改築が施され、座敷に天井や床の間が付されたり、畳敷きになったりした。以前居住していた五十嵐氏は1914年から住み始め、その際に馬屋を突き出した<ruby>中門造<rt>ちゅうもんづくり</rt></ruby>に改造して、土間に床板を張った。移築工事で元来の姿に復元され、天井はなくなり、畳は敷かれていない。

◎旧正宗寺三匝堂
<ruby>旧<rt>きゅう</rt></ruby><ruby>正宗<rt>しょうそう</rt></ruby><ruby>寺<rt>じ</rt></ruby><ruby>三匝堂<rt>さんそうどう</rt></ruby>

会津若松市にある。江戸時代後期の寺院。高さ16.5mの六角3層の堂内に昇降用の<ruby>螺旋状<rt>ら せんじょう</rt></ruby>スロープが設けられている。正面向拝の<ruby>唐破風<rt>からは ふ</rt></ruby>の入口から右回りに上って頂上の太鼓橋を越えると、左回りのスロープを下って背面出口に通じる。昇降によって堂内を3度回ることから<ruby>三匝堂<rt>さんそうどう</rt></ruby>の名がある。<ruby>匝<rt>そう</rt></ruby>は巡るという意味である。外観がサザエに似ていることから<ruby>栄螺堂<rt>さ ざえどう</rt></ruby>とも呼ばれる。1796年の造立とされている。6本の心柱と同数の隅柱（六角柱）を駆使して、二重螺旋のスロープをつくるというほかに類例のない特異な構造の仏堂である。スロープの内側に西国三十三観音像が祀られ、堂内を一巡すれば観音霊場を巡礼したのと同じ霊験が得られるようになっていた。明治維新の<ruby>廃仏毀<rt>はいぶつき</rt></ruby><ruby>釈<rt>しゃく</rt></ruby>で観音像は取り外され、現在は皇朝二十四孝の額絵が掲げられている。

歴史的には、江戸の本所5丁目（江東区大島5丁目）にあった<ruby>天恩寺<rt>てんおん じ</rt></ruby><ruby>五百大阿羅漢禅寺<rt>らかんじ</rt></ruby>（通称羅漢寺）の栄螺堂が有名だった。1780年頃に建てられ、平面方形で外観二重、内部を3層につくり、西国、坂東、秩父の<ruby>札所<rt>ふだしょ</rt></ruby>計100体の観音像を祀り、以後栄螺堂の手本になったとされる。この栄螺堂は明治維新の頃に取り壊され、仏像も処分されてしまった。処分の最中に、まだ修行中の身だった彫刻家高村光雲が駆けつけ、5体の仏像を救い出して、そのうち1体を守り本尊にして<ruby>終生<rt>しゅうせい</rt></ruby>祀ったという逸話がある。

☞ そのほかの主な国宝 / 重要文化財一覧

	時 代	種 別	名 称	保管・所有
1	弥 生	考古資料	◎楢葉天神原遺跡出土品	楢葉町
2	奈 良	彫 刻	◎木心乾漆虚空蔵菩薩坐像	能満寺
3	平 安	彫 刻	◎木造聖観音立像	勝常寺
4	平 安	彫 刻	◎木造千手観音立像	大蔵寺
5	平 安	典 籍	●一字蓮台法華経	竜興寺
6	平 安	考古資料	◎米山寺経塚出土品	須賀川市立博物館
7	鎌 倉	絵 画	◎絹本著色阿弥陀二十五菩薩来迎図	福島県立博物館
8	鎌 倉	彫 刻	◎木造阿弥陀如来及両脇侍坐像	願成寺（喜多方市）
9	鎌 倉	彫 刻	◎銅造十一面観音及脇侍立像	弘安寺
10	鎌 倉	工芸品	◎刺繍阿弥陀名号掛幅	福島県立博物館
11	鎌倉〜室町	古文書	◎白河結城家文書	白河集古苑
12	南北朝	工芸品	◎厨子入金銅宝篋印舎利塔	いわき市立美術館
13	室 町	工芸品	◎椿彫木彩漆笈	福島県立博物館
14	室 町	工芸品	◎朱漆金銅装神輿	伊佐須美神社
15	江 戸	絵 画	◎紙本著色蒲生氏郷像	西光寺
16	平安後期	石 塔	◎五輪塔	玉川村
17	鎌倉後期	寺 院	◎恵隆寺観音堂	恵隆寺
18	鎌倉後期	寺 院	◎法用寺本堂内厨子及び仏壇	法用寺
19	室町後期	寺 院	◎奥之院弁天堂	奥之院
20	桃 山	神 社	◎都々古別神社本殿	都々古別神社
21	江戸前期〜中期	神 社	◎飯野八幡宮	飯野八幡宮
22	江戸中期	寺 院	◎専称寺	専称寺
23	江戸中期	民 家	◎旧馬場家住宅（旧所在　南会津郡伊南村）	会津民俗館
24	明 治	住 居	◎天鏡閣	福島県
25	明 治	官公庁舎	◎旧伊達郡役所	桑折町

会津若松城天守

城　郭

地域の特色

　福島県は奥羽の地で最も城館が多く営まれた。それは地理、地勢の関係
からである。関東と東北地方、太平洋から日本海側に至る中間点にあたり、
街道が東西・南北に幾重にも形成されているからである。

　古代では関所が白河・勿来に置かれ、関東と東北の境目を警固した。白
河関は空堀を伴う城柵の形態を今に伝える。平安期となると長者屋敷と呼
ばれる城館から多くの豪族が出現。なかでも岩城氏、石川氏や大鳥城にあっ
た佐藤氏が台頭した。

　鎌倉期になると源頼朝の奥州出兵により多くの関東武士が地頭職として
県内に入り、城館が荘園・郷村に築かれた。奥州出兵の折には、「長城」が
阿津賀志山に築かれ戦闘の拠点となった。南北朝争乱期から室町期にかけ
て、南朝軍が霊山城を本拠として、東北地方での山城構築の先駆となった。
宇津峰城、大波城や結城氏の白川搦目城、田村氏の御代田城、谷田城など
がこれである。室町時代になると、奥州管領が置かれ、笹川城と稲村城が
管領の城館となり御所と呼ばれた。畠山氏は二本松城、吉良氏は塩松城に
入った。

　戦国期になると在地領主から戦国大名へと成長するものが現れる。まず
は、西山高館城に興り梁川城、大仏城、大森城などを構築し勢力を広げた
伊達氏。会津では黒川城（後の若松城）を中心に在地勢力を傘下に属させ
た蘆名氏、白河城では結城白河氏、石川城に石川氏、平城に岩城氏、小高
城に相馬氏、三春城に田村氏などが割拠。長沼城、新宮城、天神山城など
の大城郭も出現した。特筆されるのは、上杉氏の会津入部と、その領内諸
城の神指城、猪苗代城、鴫山城などの築城で、今も鴫山の大門周辺と背
後の山城に蒲生氏時代遺構とみられる石垣をみることができる。

　江戸時代になり、県内には白河・棚倉・平・中村・三春・二本松・福島・
会津若松の各城が存城した。いずれも戦国期の各地区の拠点となっていた

ものである。

主な城

会津若松城
あいづわかまつ

別名 鶴ヶ城、小高木城、黒川城　**所在** 会津若松市追手町
遺構 石垣、堀、外観復元天守ほか

　平泉藤原氏を滅ぼした源頼朝は、奥州への備えとして会津に佐原義連を
置いたが、その子孫は後に蘆名氏と改称、二十四代400年にわたって会津
の地を領した。7代蘆名直盛の時、元中元（1384）年、現在の城跡に初めて
築城し、東黒川館と称した。

　蘆名氏は、20代義広（後に盛重と改名）が天正17（1589）年、伊達政宗に
敗れて滅亡、政宗も翌年には秀吉の奥州征伐でこの地を去り、蒲生氏郷92
万石の領地となった。若松と改名されたのはこの頃である。慶長3（1598）
年、氏郷が死ぬと秀行が継いだが重臣らの争いのため宇都宮18万石に移
封された。

　蒲生氏の後には上杉景勝が入ったが、関ヶ原の戦いが起こり、西軍に属
した上杉氏は、敗戦の結果、米沢へ移封されることになった。

　関ヶ原の戦いの翌年、慶長6（1601）年には、再び蒲生秀行が若松城主に
返り咲いたが、やがて子の忠郷の後を嗣ぐ子がないため没収され、寛永4
（1627）年には加藤嘉明が入り、次いで子の明成が城主になった。このとき、
西出丸と北出丸を増築するとともに、天守を五層に改めた。

　その後、寛永20（1643）年に至って保科正之が移って来たが、正之は将
軍家光の異母兄弟で信州の保科家に入ったので、2代正経からは徳川一門
が名乗る「松平」を称している。正之以後、9代226年にわたった。明治元
（1868）年戊辰戦争ではその堅城ぶりを発揮した。無数の銃弾を受けながら
健在であった天守は、古写真を元に復元されている。

二本松城
別名 霞ヶ城　**所在** 二本松市郭内　**遺構** 石垣、復元箕輪門

　二本松城は標高345mの白旗ヶ峰の山上を詰の曲輪とし、麓を居館とす
る本格的な戦国時代の山城遺構で、麓と山頂には累々たる石垣が残る。本
丸が構えられている独立峰を中心に南、西、北三方の丘陵を城地とし、こ
れら丘に囲まれた盆地に城下町を経営する。築城は、15世紀前半に奥州管
領畠山国氏が近くの丘に築城したことによる。応永21（1414）年畠山満泰

が山上の本丸に居館を改めて構え二本松城と称し、本格的な山城構えに改築。天正13（1585）年伊達輝宗、政宗父子は二本松城を攻撃、翌年に城主畠山義綱は城に火を放ち逃亡。城代に伊達成実が就いたが、天正18（1590）年秀吉による奥州仕置により蒲生郷成、次いで豊臣秀次が城代となった。江戸時代には加藤氏、丹羽氏が城主になり、慶応4（1868）年7月二本松少年隊の悲話を残して落城、廃城となった。今日残存する麓の石垣の虎口に多聞櫓と櫓門が復元される。山々に囲まれた城下町も盛時の面影を色濃く残している。

霊山城 （りょうぜん）

別名 国司館、国司ヶ城　**所在** 伊達郡霊山町字霊山　**遺構** 削平地群・礎石など

　標高804m、重畳たる岩山におおわれた霊山は自然の要害であるが、往時は国司館があり、山頂から、霊山寺跡のある中腹にかけて国司ヶ城になっていた。

　霊山寺には、根本中堂をはじめ数十の建物が存在した。比叡山および吉野山と結ばれ、南北朝時代は南朝方に与していた。延元2（1336）年正月、北畠顕家が義良親王を奉じて多賀国府へ至る途中でこの寺に入って難を避け、山上に親王を「国司」として館を構えた。当時寺の衆徒は、伊達行朝の勢力下にあったが、伊達の軍兵とともに、北畠軍の主要兵力となった。同年9月、顕家は親王を奉じて西上、和泉国で戦死したが、親王は吉野に帰って即位、後村上天皇なった。一方、霊山寺は北朝方のために貞和3（1347）年に灰燼に帰し、伊達氏も霊山城を復したが、正平8（1353）年陥落したとされる。

向羽黒岩崎城 （むかいはぐろいわがさき）

所在 大沼郡会津美里町　**史跡** 国指定史跡

　会津盆地を眼下とする標高408m（比高183m）の向羽黒山は岩崎山とも呼ばれ、向羽黒岩崎城址である。戦国大名蘆名盛氏が永禄4（1561）年から同11（1568）年にかけ築いた城の詳細は、城の竣工時に記された『巌館銘』（覚成著）に詳細に述べられている。城は会津に君臨した盛氏が本拠とした主峰と、これに双立する岩崎山西峰の南北約1km、東西0.9kmの範囲で、西に家臣団屋敷地を伴う城下集落を形成する。城の東側を流れる阿賀川上流には田島の鴫山城が、北に古館から博士峠と鳥居峠を経て伊南川の宮床・和泉田に至る。城の北西を進めば大沼郡川口、越後に至る。まさに会津の

交通の中心に位置する城郭といえる。蘆名氏の許を訪れた室町文化を代表する画僧雪村は二十数年間当城に逗留、城の障壁画を描いた。

鴫山城 <small>しぎやま</small>　所在 南会津郡南会津町　史跡 石垣、堀

　旧田島町中央に聳える、南北朝争乱期から近世初頭まで、南会津を支配した長沼氏歴代の居城址。鴫山城が創築されたのは長禄3（1459）年と伝えられ、下野国小山氏一族の長沼氏が南会津に進出、その拠点として鴫山城が築かれたという。長沼氏は鴫山城を本拠に田島地方を統一し、蘆名・山内・河原田氏とともに会津四家と呼ばれた。戦国時代になると若松城の蘆名氏が強大な勢力になり、蘆名盛氏と鴫山城の長沼実國との間には激しい攻防が繰り返された。長沼盛秀の代となり、黒川城に伊達政宗が入城すると長沼氏は伊達氏家臣となる。伊達氏移封の天正18（1590）年により、蒲生氏郷が新たな会津支配者として、若松城に入ると鴫山城は城代が置かれ、一国一城令（1615）で廃城となった。

小峰城 <small>こみね</small>　別名 白河城　所在 白河市郭内　遺構 石垣、木造復元三重櫓　史跡 国指定史跡

　白河関は東北と関東を分ける関所であることは周知のとおりである。戦国時代の白河関は、西白河郡泉崎村と白河市旗宿にまたがる丘陵上に位置していたと一般に考えられているが、はっきりとはわかっていない。小峯城は、白河結城氏3代目顕明の後見人結城親朝による平山城である。結城氏13代目義親が豊臣秀吉の小田原城北条氏攻めの陣所を訪れなかったことで所領は没収。白河結城氏は滅亡する。その後蒲生氏郷、上杉景勝の持城となり、城代が置かれた。のち徳川家康は丹羽長重に10万石を与えて小峰城に配し、丹羽氏をして総石垣で、高石垣造りの一二三段形式の堅牢な平山城を築かしめた。徳川氏ひざもとの関八州自体を伊達・南部・上杉氏の外様雄藩への押さえとするための城構としたのである。東日本大震災で崩壊した高石垣の修理も終わり、城址のシンボルであり復元三重櫓とともに堅牢な城の姿を伝えている。

相馬中村城 <small>そうまなかむら</small>　別名 馬陵城　所在 相馬市　遺構 大手門、石垣

　相馬市にある中村城の始まりは延暦年間（782〜806）に遡るといわれる。延元2（1337）年から天文12（1543）年には豪族中村氏がこの地を支配。そ

の居館は「中村館」と呼ばれた。中村氏ののち相馬隆胤がこの地を制覇。
利胤の代慶長16（1611）年に相馬中村城と称し、相馬氏が6万石を支配。
中村城はその要となり、本格的な大名の居城として要所に石垣を構える城
郭とした。寛文10（1670）年、相馬貞胤が城主の折、天守をはじめ建築が
落雷により消失。時の城主貞胤は、天守再築よりも藩内の民心による藩興
隆が大切として、天守は再築しなかった。貞胤の方針は、藩是となり、明
治に至った。馬陵公園となった城跡は、石垣・土塁・堀が良く残り建築物
では大手門が残る。

戦国大名

福島県の戦国史

　15世紀後半奥州探題の大崎氏が弱体化し、福島県域では白河氏、伊達氏、芦名氏、岩城氏の4氏が台頭してきた。このなかで最初に勢力を築いたのが白河氏である。直朝・政朝父子は岩城氏と結んで石川氏を支配下に置き、北関東にまで進出した。しかし、永正7年 (1510) 内訌のために政朝は子顕頼によって北関東に追われて以後次第に衰退。天正3年 (1575) には佐竹義重に敗れて落城、同7年佐竹義重の二男義広が白河氏を継いだ。

　白河氏に代わって勢力を伸ばしたのが伊達氏である。大永3年 (1523) 稙宗は陸奥守護となり、大崎氏による奥州支配体制を覆した。天文年間になると、稙宗・晴宗父子による内訌が発生 (天文の乱)、南奥羽の国衆を巻き込む大規模な騒乱となった。この内訌を制した晴宗は天文17年 (1548) 米沢城を本拠とし、弘治元年 (1555) には奥州探題となって南奥羽の覇者への道を歩むことになる。

　浜通りでは奥州藤原氏の末裔に連なる岩城氏が代々力を持ち、重隆のときに伊達晴宗と縁戚関係を結び、天文年間には常陸国北部にまで進出して戦国大名に成長した。やがて佐竹氏の台頭に圧されて、常隆のとき佐竹氏に従属するようになった。

　一方会津では、芦名氏が北田氏、新宮氏を滅ぼして大名化した。さらに天文12年 (1543) には盛氏は山内舜通を討って会津をほぼ支配、永禄2年 (1559) には二本松氏も討ち、さらに須賀川二階堂氏、安積伊東氏をも降して全盛期を迎えた。天正12年 (1584) 芦名氏でも内訌が発生、当主の相次ぐ死もあって混乱し、佐竹氏と伊達氏が介入した。結局佐竹氏から石川氏の養子となっていた義広が芦名氏を継いだが、同17年に義広は摺上原合戦<small>すりあげはら</small>で伊達政宗に敗れ、南奥羽は伊達氏が制した。そして翌年政宗は小田原の豊臣秀吉のもとに参陣し、その政権下に入った。

芦名氏 会津の戦国大名。桓武平氏三浦氏の一族で、名字の地は相模国三浦郡芦名（神奈川県横須賀市芦名）。源頼朝の奥州攻めの際、三浦義明の子佐原義連が功をあげて会津に所領を与えられたのが祖。以後、鎌倉時代を通じて三浦氏は会津に所領を持ち、やがて一族が下向して芦名氏となったが、その詳細は不詳。室町時代中期には会津を代表する国衆に成長、応永16年（1409）には北田氏、永享5年（1433）には新宮氏を滅ぼして大名化した。天文12年（1543）には盛氏は山内舜通を討って会津をほぼ支配、二本松氏、須賀川二階堂氏、安積伊東氏をも降して全盛を迎えたが、天正17年（1589）義広は摺上原合戦で伊達政宗に敗れて常陸の佐竹氏のもとに逃れた。翌年義広は豊臣秀吉の小田原攻めに参加して常陸江戸崎4万5000石で再興、このとき盛重と改名した。しかし、関ヶ原合戦には佐竹氏とともに参加しなかったため所領を没収され、佐竹義宣に従って出羽に移った。

石川氏 陸奥国石川郡の戦国大名。清和源氏満快流で、有光が源義家に従って石川荘に移り石川氏を称したのが祖。鎌倉時代には地頭をつとめていた。建武新政の際には新田義貞に従って鎌倉攻めに参加、南北朝時代は北朝に属し、伊達氏、田村氏と争った。室町時代は結城氏の影響下にあり、天正18年（1590）昭光のときに小田原に赴かなかったため、豊臣秀吉に所領を没収された。子孫は仙台藩士となる。

猪苗代氏 会津の国衆。桓武平氏芦名氏の一族で、佐原盛連の長男経連が陸奥国耶麻郡猪苗代（耶麻郡猪苗代町）に住んで猪苗代氏を称したのが祖。代々猪苗代城に拠って芦名氏に従った。室町時代後期の兼載は連歌師として著名。天正13年（1585）盛国は嫡子盛胤に家督を譲ったが、不和となって同16年盛国が猪苗代城を奪取した。17年に摺上原で芦名氏と伊達氏が戦った際、盛胤は芦名氏に与して敗れ常陸に逃れた。なお、盛国は伊達政宗に通じて江戸時代には仙台藩の重臣となっている。

岩城氏 陸奥国磐城郡（いわき市）の戦国大名。桓武平氏。隆行が奥州藤

原氏の清衡の女婿となり、その子隆平が岩城郡を領して岩城氏を称したのが祖で、鎌倉時代に好嶋荘（よしまのしょう）の地頭となる。戦国時代、重隆は伊達晴宗と縁戚関係を結び、常陸国北部にまで進出して戦国大名に成長した。やがて佐竹氏の台頭に圧されて、常隆のとき佐竹氏に従属するようになった。天正18年（1590）常隆は小田原攻めに参加して所領を安堵されたが、その帰途に24歳で死去。子政隆は生後まもないため、豊臣秀吉の意向で佐竹義重の三男貞隆が磐城12万石を相続。関ヶ原合戦では、実兄佐竹義宣とともに参陣せず所領を没収され滅亡した。一方常隆の長男ながら岩城家を継げなかった政隆は縁戚関係にある伊達政宗に仕えて一門に列し、岩谷堂伊達家となった。また、貞隆はのちに家を再興して出羽亀田藩主となっている。

大内氏（おおうち） 陸奥国安達郡東部の国衆。南北朝時代には塩松石橋氏の執事をつとめ、永禄11年（1568）に田村清顕とともに石橋氏を追放し、以後小浜城（二本松市）に拠って安達郡の国衆として安達郡東部に勢力を持った。定綱のときに田村氏と対立、天正13年（1585）定綱は田村氏と縁戚関係にある伊達政宗に敗れて落城、小手森城（二本松市）で一族郎党を撫で斬りにされた。しかし、同15年には定綱は伊達氏に従い、江戸時代には仙台藩士となっている。

懸田氏（かけた） 陸奥国伊達郡の国衆。源義家の六男義隆の末裔で、建武2年（1335）北畠顕家の命で定隆が伊達郡懸田（伊達市霊山町掛田）に移り住んだのが祖というが、大江姓ともいわれはっきりしない。懸田城に拠り、室町時代には奥州南部の有力国人であった。戦国時代になると、伊達氏に属していたが、天文11年（1542）の伊達氏の内訌（天文の乱）では伊達稙宗に与したため、同17年の講和の際に懸田城が廃城となった。これを不満として、同22年俊宗は伊達晴宗に叛いて敗れ、子義宗とともに斬られて滅亡した。

河東田氏（かとうだ） 陸奥国白川郡の国衆。名字の地は同郡河東田郷（白河市表郷）で、藤原北家秀郷流小山氏の一族。代々白河結城氏に仕え、天王館（白河市表郷）に拠った。河東田上野介のときに佐竹氏に敗れて天王館を奪われ、以後は伊賀館（西白河郡泉崎村）に拠った。天正7年（1579）伊達氏に仕え、

江戸時代は仙台藩士となった。

金上氏
（かながみ）

会津芦名氏の一族で、本貫は陸奥国河沼郡金上（河沼郡会津坂下町）。金上備前は天正6年（1578）の上杉氏の御館の乱では景虎に与した芦名盛氏の武将として参陣。同14年の芦名氏の継嗣問題では佐竹義重の二男義広を擁立した。同17年伊達政宗との摺上原合戦で討死。一族はのち伊達氏に仕え、江戸時代は仙台藩士となった。

河原田氏
（かわらだ）

会津の国衆。下野国都賀郡河原田（栃木県栃木市川原田町）の出で、結城氏、小山氏などの一族といわれるが不詳。文治5年（1189）陸奥国南会津郡伊南郷（伊南村）を与えられる。戦国時代は芦名氏に従い、天正17年（1589）に伊達政宗が芦名義広を討って黒川城に入城した際には、山内氏らとともに越後上杉氏の支援を受けて抗戦している。一族は芦名氏に従って常陸に落ちて佐竹氏に仕えた。

黒木氏
（くろき）

陸奥国相馬郡の国衆。建武年間（1334～38）南朝方の北畠顕家に属した黒木大膳亮正光が霊山城の搦手として黒木城（相馬市黒木）を築き、以後代々拠った。貞和3年（1347）に霊山城が落城すると北朝に転じて相馬氏と結んだ。天文11年（1542）に伊達氏の内訌である天文の乱が起きると黒木弾正信房は兄弟の中村大膳義房と行方郡の田中城（南相馬市鹿島区）を攻めて相馬氏と戦ったが、翌年敗れて黒木城を失った。

白河氏
（しらかわ）

陸奥南部の戦国大名。藤原北家秀郷流で結城氏の庶流。結城広綱の弟祐広は正応年間（1288～93）頃に白河荘に移って白河結城氏の祖となった。やがて白河城（白河市旭町）を築城、鎌倉時代末期には惣領家である下総結城氏と肩を並べるまでに成長した。元弘の乱では、宗広・親光父子は後醍醐天皇に従い、宗広は新田義貞に従って鎌倉攻めに参加、親光は足利尊氏に従って六波羅攻めに参加した。この功によって宗広は奥州検断職となり、親光は雑訴決断所に加わるなど、事実上結城一族の惣領となった。以後、室町時代中期まで陸奥南部を代表する大名として活躍したが、戦国時代初頭に分家の小峰氏との争いから内訌状態に陥り、さらに常陸から佐竹氏の侵攻を受けて没落。天正7年（1579）には佐竹義重の二男義

広が白河結城氏を継いだ。その後、義広は芦名氏を継ぎ、白河氏は義親が継いだ。芦名氏の滅亡後、義広は佐竹氏に戻り、義親は伊達氏に従った。天正18年（1590）豊臣秀吉の小田原攻めに参陣せず、翌年の奥州仕置によって改易された。江戸時代は仙台藩士となる。

相馬氏　陸奥国相馬郡の戦国大名。桓武平氏千葉氏。系図上では、平将門の子将国が常陸国信田郡に落ち、のち胤国のときに下総国相馬郡（茨城県）に移って相馬氏を称したのが祖であるといい、千葉常胤の二男師常は相馬師国の養子となって相馬氏を継いだとする。師常は父とともに源頼朝に仕えて奥州征討に功をあげ、陸奥国行方郡に所領を与えられた。胤村のとき、胤氏に下総国相馬郡、師胤に陸奥国行方郡を分割して与えた。元亨3年（1323）重胤が一族を率いて太田村（南相馬市）に下向、嘉暦元年（1326）小高城（南相馬市）を築城した。戦国時代は牛越城に移って、行方・宇多・標葉の三郡を支配し、伊達氏と争った。天正18年（1590）義胤のときに小田原の豊臣秀吉のもとに参陣し本領安堵された。しかし、関ヶ原合戦では伊達氏に対抗するために上杉氏に通じて出兵しなかったため所領は没収された。のち中村藩主として再興している。

田村氏　陸奥国田村郡の戦国大名。系図上では坂上田村麻呂の子孫と称しているが藤原姓とみられる。盛顕のとき三春城に拠り、天文10年（1541）隆顕のときに伊達氏に従ったが、翌年に伊達天文の乱が起きると独自に伊東氏・二階堂氏・石川氏を攻めて所領を拡大するなど、独自性を保っていた。天正7年（1579）清顕は娘愛姫を伊達政宗と結婚させて、その後ろ盾を得た。同13年清顕が急死すると家中が伊達氏派と清顕正室の実家である相馬氏派に分裂、同16年に政宗が相馬氏派を追放して清顕の甥の宗顕を当主とし、田村氏を統一すると同時に伊達氏一門として取り込んだ。しかし、同18年豊臣秀吉の小田原攻めに遅参したため所領を没収されて滅亡した。その後、仙台藩2代藩主伊達忠宗の三男宗良が田村家を再興し、のち一関藩主となった。

長沼氏　会津の国衆。藤原北家秀郷流。寿永2年（1183）源頼朝の叔父志田義広が頼朝に叛いた際に、小山政光の子宗政が討伐に活躍、その功で下

野国芳賀郡長沼荘（栃木県真岡市長沼）を拝領して長沼氏を称したのが祖。宗政は元暦元年（1184）に長沼城を築城したといい、鎌倉時代には御家人となって、承久の乱後に淡路守護となると、以後建武期まで独占した。室町時代中期には長沼荘の支配を庶子家に譲って、嫡流は陸奥に転じ、鳴山城（南会津郡南会津町）に拠った。当初は芦名氏と友好関係にあったが、大永元年（1521）に盛舜が芦名氏の家督を相続して以降は、実国は芦名氏と度々戦っている。天正17年（1589）に伊達政宗が芦名氏を滅ぼすと、盛秀は伊達氏に仕えた。

二階堂氏（にかいどう）

陸奥国須賀川（須賀川市）の戦国大名。二階堂氏の一族が鎌倉時代初期に陸奥国岩瀬郡を与えられて下向したもので、稲村城（須賀川市）に拠った。その後、一時期岩瀬郡の所領を失ったが、南北朝時代北朝に属して岩瀬郡を回復した。のち須賀川城に移って戦国大名となったが、天正17年（1589）伊達政宗に敗れて落城した。なお、二階堂氏の祖行政から戦国時代の盛隆に至る系譜には異動が多い。

二本松氏（にほんまつ）

陸奥の戦国大名。清和源氏畠山氏の庶流。興国2年（1341）高国が奥州探題となったのが祖で、子孫が陸奥国安達郡二本松（二本松市）に住んで二本松氏を称した。戦国時代は伊達氏と芦名氏の狭間で苦しみ、天正13年（1585）義継は伊達氏と争って、伊達輝宗とともに戦死、翌年落城して滅亡した。

山内氏（やまうち）

会津の戦国大名。山内首藤氏の一族。源頼朝の奥州攻め後会津四郡は四分割され、大沼郡西部が山内氏に与えられたのが祖。以後、金山谷伊北郷横田村（大沼郡金山町）を本拠として中丸城を築城、一族を周囲に配置して、奥会津に割拠した。戦国時代は芦名氏に従う一方、越後国魚沼郡にも所領を有して上杉氏にも属していたが、文明年間頃には芦名氏の家臣となった。天正17年（1589）の芦名氏滅亡後、芦名領は伊達領となったが、氏勝はこれに従わず伊北郷に戻って上杉景勝に与し、伊達氏と対立した。しかし、翌年の豊臣秀吉の小田原攻めに参陣せず、所領を没収された。

名門 / 名家

◎中世の名族

伊達氏
（だて）

陸奥の戦国大名。藤原北家山蔭流。実宗が常陸国真壁郡伊佐荘中村（茨城県筑西市）に住んで伊佐氏を称し、1189（文治5）年朝宗（常陸入道念西）が源頼朝の奥州合戦に従軍して信夫佐藤氏を討ったことから陸奥国伊達郡を賜り、二男宗村と共に入部して伊達氏を称したのが祖。当初は「いだて」とも呼んだ。

以後、伊達郡の地頭となり、高子岡城（伊達市保原町）に拠った。南北朝時代、行朝は南朝に属して各地を転戦。のち北朝に転じ、出羽国長井地方を支配。さらに亘理氏を従え、大崎氏も討って、陸中地方にも進出した。1522（大永2）年、稙宗は陸奥守護となって梁川城（伊達郡梁川町）に移り、晴宗の時は奥州探題となって米沢に移る。

政宗は二本松氏、芦名氏を討ち、さらに大崎氏、田村氏、石川氏、白河氏、結城氏を従えて、出羽・陸奥の南部を支配した。90（天正18）年、豊臣秀吉に従って会津を没収され、翌年陸奥岩出山に移り、陸奥20郡を領した。

関ヶ原合戦では東軍に属して、1601（慶長6）年仙台に移り、03（同8）年仙台藩60万5000石を立藩した。

◎近世以降の名家

秋田家
（あきた）

三春藩主。出羽国の戦国大名安東氏の末裔。戦国時代に下国家から上国家の養子となった安東愛季（ちかすえ）が両家を統合、男鹿脇本城（秋田県男鹿市脇本）に本拠を移し戦国大名となった。1590（天正18）年実季が豊臣秀吉に従い、98（慶長3）年土崎湊城（秋田市）を築城、秋田氏と改称した。

関ヶ原合戦後、実季は常陸宍戸（茨城県笠間市）5万石に移り、さらに

1645（正保2）年俊季の時に陸奥三春（三春町）に転封となった。1757（宝暦7）年に末期養子としてわずか7歳で襲封した倩季は藩校明徳堂を創設して人材育成につとめ、また三春人形をつくり上げたことで知られる。1884（明治17）年映季の時に子爵となった。

阿部家（あべ）

棚倉藩主。忠吉は徳川家康に仕え、大坂の陣後大番頭となって5000石を領した。その子忠秋は7歳で3代将軍家光の小姓となり、1626（寛永3）年1万石を加増されて諸侯に列した。33（同10）年老中となり、35（同12）年下野壬生2万5000石に入封。後39（同16）年武蔵忍5万石を経て、63（寛文3）年には8万石に加増。忠秋は老中を31年間つとめている。

3代正武は5代将軍綱吉に仕えて老中となり、94（元禄7）年10万石に加増。1823（文政6）年正権は陸奥白河10万石に転じた。正外も老中となり、兵庫開港を進めたが罷免され、66（慶応2）年跡を継いだ正静は棚倉10万石に転封。奥羽列藩同盟に参加したことからいったん改易されたが、68（明治元）年棚倉6万石で再興。84（同17）年正功の時子爵となる。

阿部家（あべ）

信夫郡笹木野村（福島市笹木野）の旧家。新田氏の家臣河村秀敦が祖で、後に陸奥国信夫郡で帰農、3代目が阿部氏に改称したという。江戸時代に栢場村・笹木野村・大谷地村・土湯村を開拓した。代々紀右衛門を称したことから通称「あべき」と呼ばれていた。維新後は地主の傍ら、養蚕や金融業を営んでいた。

安藤家（あんどう）

磐城平藩（いわき市）藩主。安藤重信が徳川秀忠に仕えて1610（慶長15）年上野吉井で5000石を賜り、12（同17）年に下総小見川藩1万石に入封したのが祖。19（元和5）年には上野高崎で5万6000石に加増。重長は書院番頭の時に駿河大納言忠長を預かり、33（寛永10）年に1万石を加増された。その後、美濃加納を経て、1756（宝暦6）年磐城平5万石の藩主となった。幕末、信正は老中となり、公武合体を周旋したが、1862（文久2）年坂下門で襲われ（坂下門の変）、3万石に減知となっている。84（明治17）年信守の時に子爵となる。

板倉家（いたくら）

福島藩主。板倉勝重の二男の重昌は徳川家康に仕えて近習人筆

頭となり、1624（寛永元）年父の遺領から6600石を分知されて、三河深溝藩1万1800石を立藩したのが祖。以後、三河中島、下野鳥山、武蔵岩槻、信濃坂城を経て、1702（元禄15）年陸奥福島3万石に入封。戊辰戦争では勝達は奥羽列藩同盟に参加した後に降伏、1869（明治2）年三河重原（愛知県刈谷市）に転じ、84（同17）年子爵となった。

井深家 （いぶか）

会津藩家老。信濃国筑摩郡井深（長野県松本市岡田）発祥。清和源氏佐竹氏の一族で、岡田親義の子孫と伝える。重次は保科正之の重臣として1200石を領し、会津移封の際には先着して会津城を受け取っている。後家老となった。幕末に藩主容保の側近として知られた宅右衛門重義が著名で、その長男梶之助は明治学院2代総理、三男彦三郎は衆議院議員をつとめた。

藩士に分家も多く、ソニー創立者井深大は重次の弟光真の末裔である。

内池家 （うちいけ）

信夫郡の奥州道中瀬上宿（福島市瀬上村）で近江屋と号した豪商。寛文〜延宝年間（1661〜1681）に近江八幡から瀬上宿に進出したという。1800（寛政12）年に備中足守藩領になると、8代目永年が御用商人となった。永年は02（享和2）年に40歳で家督を養子延年に譲ると、12（文化9）年和歌山で本居大平に入門、帰郷後は「みちのく社中」を結成して国学者として活躍した。

岡田家 （おかだ）

中村藩筆頭家老。藩主相馬氏庶流。相馬胤村の二男胤顕が下総国豊田郡岡田郷（茨城県常総市岡田）に住んで岡田氏を称したのが祖。代々相馬氏の一門として重きをなした。当初は相馬氏を名乗ることが多かったが、南北朝時代頃からは岡田氏を称した。江戸時代は相馬藩の御一家筆頭の地位にあった。

萱野家 （かやの）

会津藩家老。代々権兵衛を称した。祖長則は加藤家で1500石を知行していたが、同家が改易となった際に若松城引渡役をつとめて浪人。その後、保科正之に仕えて会津藩士となり、代々家老をつとめた。幕末の長修は名家老として著名で、戊辰戦争の責任者として斬首された。

倉田家
くらた

若松城下（会津若松市）の豪商。近江国甲賀郡（滋賀県）の出で、宇多源氏佐々木氏の一族という。蒲生氏郷の会津入りに従って近江から来たとも、すでに1562（永禄5）年に会津に移り住んでいたともいう。蒲生氏郷の会津若松転封の際に城下町づくりに功をあげて、町年寄となった。江戸時代は、大町の本家と馬場町の分家の二家に分かれた。

西郷家
さいごう

会津藩家老。安房東条藩主西郷正員の子正忠の子孫。正忠の孫元次の二男の近房は、外祖父の保科正近の養子となって保科氏を継いだが、後に同家の遺児が元服するに当たり西郷家に復し、以後代々家老をつとめた。幕末の頼母が特に著名。その養子四郎は柔道家として講道館四天王の一人に数えられ、富田常雄著「姿三四郎」のモデルとしても著名。

島貫家
しまぬき

信夫郡の奥州道中瀬上宿（福島市瀬上町）の豪商。桓武平氏芦名氏の庶流と伝える。戦国時代は古志氏を称して上杉氏に属し、江戸時代出羽国置賜郡島貫村（山形県南陽市）に住んで島貫氏に改称した。上杉家の知行半減の際に致仕して瀬上宿に転じ、穀屋と号して米穀屋や旅籠を営んだ。後大国屋に改称して金融業・酒造業に転じた。明治30年代に建てられた同家住宅は、2013（平成25）年国登録有形文化財となっている。

相馬家
そうま

陸奥中村藩（相馬市）藩主。下総国相馬郡（茨城県）発祥で、桓武平氏千葉氏。系図上では、平将門の子将国が常陸国信田郡に落ち、後胤国の時に相馬郡に移って相馬氏を称したのが祖であるといい、千葉常胤の二男師常は相馬師国の養子となって相馬氏を継いだとする。

戦国時代は牛越城に移って、行方・宇多・標葉の3郡を支配し、伊達氏と争った。1590（天正18）年義胤の時に小田原の豊臣秀吉の下に参陣して本領安堵されたが、関ヶ原合戦で出兵しなかったため所領は没収。1602（慶長7）年利胤の時に再興した。11（同16）年中村城（相馬市）を築城して小高から移った。1884（明治17）年誠胤の時に子爵となる。

立花家
たちばな

下手渡藩（伊達市）藩主。柳河城主立花宗茂の弟の高橋統増は、
たねます
後に立花直次と名乗り、1587（天正15）年豊臣秀吉から筑後国三池郡を与

えられた。関ヶ原合戦で西軍に属したことから所領を没収されていたが、1614（慶長19）年2代将軍秀忠から常陸国筑波郡で5000石を与えられて再興し、子種次は21（元和7）に筑後三池藩1万石を立藩した。1806（文化3）年種善の時に陸奥下手渡に転封となる。維新後、68（明治元）年種恭の時再び三池に戻っている。84（同17）年子爵となり、学習院長などをつとめた。その子種忠も貴族院議員をつとめた。

田中家
<small>たなか</small>

会津藩家老。元は武田氏の家臣で、長篠合戦で討死した田中玄義の孫正玄が祖。正玄は信濃高遠で保科正之に仕えて家老となる。以後代々家老をつとめ、5代藩主松平容頌の下で藩政を改革した玄宰が著名。また幕末の田中土佐玄清は戊辰戦争では筆頭家老をつとめ、自決している。

内藤家
<small>ないとう</small>

湯長谷藩（いわき市）藩主。1670（寛文10）年平藩主内藤忠興の三男政亮（頼直）は父から陸奥国磐前・菊多2郡内の新墾田1万石を与えられて諸侯に列し、湯本に住んで湯本藩を立藩したのが祖。76（延宝4）年居所を湯長谷（いわき市）に移したため以後は湯長谷藩となる。のち1万5000石に加増。戊辰戦争では奥羽越列藩同盟に参加したため1000石の減封となる。1884（明治17）年政潔の時子爵となる。

丹羽家
<small>にわ</small>

二本松藩主。出自不詳。代々斯波氏に仕え、長政が尾張国丹羽郡児玉村（名古屋市）に住んで丹羽氏を称したのが祖という。その子長秀が織田信長の重臣となり近江佐和山で5万石を領した。本能寺の変後は豊臣秀吉に仕えて越前北ノ庄で123万石ともいう大大名となったが、長男長重は、家臣の不祥事や独立などが重なって、1587（天正15）年に加賀松任4万石に削られた。のち加賀小松12万石に移った。

関ヶ原合戦後、1600（慶長5）年常陸古渡藩（茨城県稲敷市古渡）1万石で再興した。22（元和8）年陸奥棚倉5万石、27（寛永4）年白河10万石を経て、43（同20）年光滋の時に陸奥二本松10万石に転封となった。幕末、奥羽越列藩同盟に参加したことから、1868（明治元）年5万石に減知され、84（同17）年長裕の時に子爵となった。

堀切家
<small>ほりきり</small>

信夫郡飯坂村（福島市飯坂町）の豪農・豪商。質屋・酒造を営

業した他、鉄山経営も行い、大庄屋もつとめた。名字帯刀を許されていた。維新後は政治家を輩出、善次郎は、東京市長、内務大臣などをつとめた。旧堀切邸は公開されている。

本多家
ほん だ

陸奥泉藩（いわき市）藩主。白河藩主本多忠義の三男忠以が1662（寛文2）年父忠義の所領のうち陸奥国石川郡で1万石を分知されて浅川に住んだのが祖。81（天和元）年忠晴は三河伊保に移され、1746（延享3）年には忠如が陸奥泉に転封となった。忠籌は88（天明8）年側用人、90（寛政2）年老中格となる。幕末、忠紀は奥羽列藩同盟に加わったため、1868（明治元）年官位を奪われ、さらに2000石を召し上げられて隠居。84（同17）年忠彦が子爵となる。

松平家
まつだいら

会津藩主。徳川秀忠の三男で、3代将軍家光の異母弟に当たる保科正之が祖。正之は1631（寛永8）年信濃高遠藩3万石を継ぎ、出羽山形20万石を経て、43（同20）年に会津23万石に転じ、明君として知られた。幕末、松平容保は京都守護職となって公武合体を推進、大政奉還後は奥羽越列藩同盟を結成して官軍と戦い敗れた。1868（明治元）年容大は陸奥斗南3万石に減転となり、84（同17）年子爵となった。
かたもり

松平家
まつだいら

陸奥守山藩（郡山市）藩主。水戸藩初代藩主徳川頼房の四男頼元が1661（寛文元）年に2万石を分知されて、常陸額田藩を立藩したのが祖。1700（元禄13）年頼貞の時に陸奥守山に転封。維新後、1868（明治元）年に9300石加増され、70（同3）年頼之の時に常陸松川（茨城県大洗町）に転じた。84（同17）年喜徳の時に子爵となる。

山川家
やまかわ

会津藩家老。戦国時代に保科氏に仕え、江戸時代は会津藩士となる。幕末重英の時に家老となり1000石を知行した。維新後は、一族から多くの学者や官僚を輩出したことで知られる。1898（明治31）年に陸軍少将の浩、1915（大正4）年にその弟で東大総長の健次郎がそれぞれ男爵を授けられた。健次郎の長男洵も東大教授をつとめた。

　また、健次郎の妹の捨松は大山巌の妻となり、明治の社交界で活躍、津田塾大学の創設に尽力したことでも知られる。

博物館

南相馬市博物館
〈野馬追・神旗争奪戦のジオラマ〉

地域の特色

　福島県の面積は全国第3位で、約1万3,789平方キロメートルである。太平洋沿岸の浜通り、これと並行する阿武隈山脈に沿った内陸部の中通り、さらに内陸部の会津地方の三つの地域からなる。会津地方は雪が多く、他は少ない。人口は約180万人（2022年3月）。

　多彩な博物館園があり、連携組織として福島県博物館連絡協議会がある。県立博物館は会津若松市だが、県歴史資料館が福島市に、県文化財センター白河館が白河市にあり文化財保護の中核的な役割を果たしている。

　2011（平成23）年3月の東日本大震災では多くの館園が被災した。津波で被災したのはいわき市の水族館アクアマリンだけだったが、東京電力福島第一発電所の事故で周辺地域は立入禁止となった。双葉町、大熊町、富岡町の資料館は空調が止まり、雨漏りがするなど早急に手当てが必要な状態だったが、住民の避難対応に学芸員他の職員も動員され博物館の手当はすぐにはできなかった。放射線の汚染のレベルが高く立ち入れない状態が続き収蔵資料の救出（文化財レスキュー）は震災から約1年半後。救出した資料は県文化財センター白河館の仮収蔵庫に保管された。元の博物館の再開に合わせて返却が始まり、また震災を継承する施設や遺構が整備されるが、仮収蔵庫にはまだ、戻れない資料が残っている。文化財レスキューでは県立博物館、県文化振興財団、県史学会、福島大学が発起人のボランティア団体「ふくしま歴史資料保存ネットワーク」が活躍した。

主な博物館

福島県立博物館　会津若松市城東町

　福島県の中核的総合博物館。旧鶴ヶ城の三の丸跡にある。館の使命の一つに「ふくしまを元気にする博物館」を掲げ「東日本大震災によって危機的

な状況に陥っている地域の文化・自然遺産を保存し、調査研究するとともに、それらを活用して、地域社会の再生と活性化に向けた新たな取り組みを行います」とし、歴史、考古、民俗、美術、自然、保存科学の他に災害史を専門とする学芸員もいる。

常設展示は原始から現代まで県の歴史を時系列に展開し「自然と人間」で締める総合展示室と、民俗・自然・考古・歴史美術の部門別展示室で構成される。さらに、「花押と印判」「三葉虫」のように特定の資料に着目した小さなポイント展、収蔵品を中心に紹介する小・中規模展であるテーマ展、季節ごとに開催する大規模展である企画展・特集展が実施されている。

体験学習室には囲炉裏のある畳敷きの座敷もあり、昔の道具や衣装、オモチャなどを自由に使って学べる。

福島県文化財センター白河館（まほろん）　白河市白坂一里段

「遺跡から学ぶ自然と人間のかかわり」をテーマに、〝見て・触れて・考え・学ぶ〟体験型ミュージアム。愛称の「まほろん」は「まほろば」と「ロマン」を重ねた造語。食卓を中心に昭和40年代から旧石器時代までの「暮らしのうつりかわり」や「暮らしを支えた道具たち」などで構成される常設展の他、縄文時代や奈良時代の家、平安時代の製鉄炉などがある野外展示もある。大きな収蔵庫をもち県が発掘調査した遺跡で出土した遺物や記録写真、図面などを保管している。文化財を担当する市町村職員などの専門的研修実施などの役割も担っている。

東日本大震災とこれに伴う原子力災害で帰還困難区域・居住制限区域となった双葉郡内の資料館、すなわち富岡町歴史民俗資料館・大熊町民俗伝承館・双葉町歴史民俗資料館から救出した文化財を修理・安定化、応急的措置・保存作業など必要な処置を行って各地の施設が整備されるまで仮保管施設に保管する活動も行っている。

アクアマリンふくしま（ふくしま海洋科学館）　いわき市小名浜字辰巳町

2000（平成12）年に福島県が設置した。「環境水族館」をテーマに掲げており、巨大なガラス屋根で覆われた本館は、自然光が降り注ぎ多くの植物が繁茂している。「ふくしまの川と沿岸」「熱帯アジアの水辺」では自然環境を再現した中で水族が展示され、また、県沖の黒潮と親潮が出会う「潮目」

を表現する大水槽では三角形のトンネルが貫いて左右で黒潮と親潮の海を比較できる。「海・生命の進化」ではシーラカンスなどの古代魚の資料や調査研究を紹介し、「北の海の海獣・海鳥」「サンゴ礁の海」のコーナーなど水槽展示の充実度は高い。屋外には世界最大級のタッチプール「蛇の目ビーチ」、里地の水辺を再現した「BIOBIO かっぱの里」、縄文時代の自然環境を再現した「縄文の里」、釣り場体験施設「アクアマリンえっぐ」など、野外施設でのランドスケープの発想は構想段階から関わった元館長安部義孝氏の存在が大きい。東日本大震災では津波により被災した。

いわき市石炭・化石館ほるる　いわき市常磐湯本町向田

　いわき市には常磐炭田があり石炭産業の地域として繁栄した。その石炭と市内外の化石を二本柱とする博物館。内部を歩ける模擬坑道や当時の暮らしの復元、炭鉱の歴史などの石炭展示、地元の高校生が発見したフタバスズキリュウや巨大なアンモナイトなどをダイナミックに構成した化石展示、さらには学習標本室もある。屋外展示として、岩石園、坑道の入り口部分、坑道で使われた車両、フタバスズキリュウの全身像などがある。

南相馬市博物館　南相馬市原町区牛来

　国指定重要無形民俗文化財の相馬野馬追の会場、雲雀ケ原祭場地の近くにあり「野馬追の里歴史民俗資料館」として開館。2006（平成18）年の市町合併に伴い現在の名前となった。常設展示は野馬追・自然・歴史・民俗の部門で構成されている。野馬追部門では神旗争奪戦のジオラマや江戸時代の野馬追が描かれた「相馬野馬追図屏風」や武具などを展示している。シアターでは東日本大震災と原発事故の直前に記録制作した地元の様子を上映している。

とみおかアーカイブ・ミュージアム　富岡町本岡字王塚

　富岡町は東日本大震災・津波と原子力災害で立ち入り禁止となった。取り残された歴史民俗資料館の資料は救出され県文化財センター白河館で保管していた。この資料と被災を記録する資料を基に、町の記憶と災害の教訓を発信する拠点として2021年7月に新たに開館。常設展示は石器・土器や昭和の商店街の再現模型などによる被災前のコーナーと、被災したパト

カーや針が止まった時計、震災の証言映像などによる東日本大震災とその後のコーナーで構成している。

東日本大震災・原子力災害伝承館　双葉郡双葉町中野高田

2011（平成23）年3月の大地震・津波、東京電力福島第一原発の大事故、長期間避難生活を余儀なくされた人々、その後の復興、そしてこれらに関する資料・情報を収集、保存し、展示やフィールドツアー、研修などで伝えていくために福島県が設置した施設である。プロローグシアター、展示エリア（常設・企画）、ワークショップスペース、研修室、資料閲覧室などで構成されている。

関連する施設に東京電力廃炉資料館（双葉郡富岡町中央）がある。

アクアマリン いなわしろ カワセミ水族館　耶麻郡猪苗代町大字長田

1989（平成元）年に「いなわしろ淡水魚館」として開館。2015（平成27）年より管理がアクアマリンふくしまに移管した。「ふくしまの湖沼群をとおして人と地球の未来を考える」をテーマに、県内に生息する魚類、水生昆虫、両生類などの淡水生物（在来種）を展示している。本来の環境を再現すべく、冬季には窓を開け放し寒風の中で冬眠中の水族を飼育するなど、館内がフィールドになっている。「冬虫夏草」のコレクション標本が充実している。

野口英世記念館　耶麻郡猪苗代町大字三ツ和

地元出身の世界的医学者野口英世（1876〜1928）の記念館。英世の生涯、母の手紙、業績などの展示がある。また、保存された生家（1823（文政6）年建造の茅葺農家）には清作（後の英世）が1歳半の時に落ちてやけどを負った囲炉裏や、上京の際床柱に刻んだ決意文も保存されている。

須賀川市立博物館　須賀川市池上町

県内で最も早く開館（1970（昭和45）年）した公立博物館。常設展示は「須賀川の歴史と文化」「すかがわの偉人顕彰室」「亜欧堂田善（幕末の洋風銅版画家）展示室」で構成されている。市内長沼には歴史民俗資料館もあり、民俗資料を中心に、長沼地区の考古資料・歴史資料も展示している。

奥会津博物館　南会津郡南会津町糸沢

　国の重要有形民俗文化財「奥会津の山村生産用具」を収蔵している地域博物館。地域の自然と文化を「山」「川」「道」のテーマで展示していて、木地師、稲作、農村歌舞伎、漁撈などさまざまな文化に触れることができる。屋外には移築した馬宿・染室・住宅・茶屋と再現した木地師の小屋もある。

福島県歴史資料館　福島市春日町

　公文書・古文書を中心に県の歴史資料を保存し、公開する文書館。文書館なので利用は資料の閲覧が中心だが、収蔵資料を活用した資料展（年1回）やテーマ展（「暮らしの中の花」展、「江戸人の奏でる調べ」など年3回程度）、新公開史料展（年1回）なども開催している。

いわき市立草野心平記念文学館　いわき市小川町高萩

　草野心平（1903〜88）はいわき市出身の詩人。常設展示室では「草野心平の生涯とその時代」「人間性を物語るエピソード」「作品に見る草野心平の世界」を扱い、経営していた居酒屋「火の車」の再現もある。企画展示室、アートパフォーミングスペース、文学プラザ等もある。文学プラザでは現代詩関係の図書、雑誌が閲覧できる他、原稿用紙が用意され来館者は自由に詩作ができる。生家も市内に残され公開されている。

福島市古関裕而記念館　福島市入江町

　古関裕而（1909〜1989）は福島市大町出身で「露営の歌」「長崎の鐘」「巨人軍の歌（闘魂こめて）」「（東京）オリンピック・マーチ」などのヒット曲や多くの校歌、社歌の作曲家。常設展示では自筆譜、レコード、作曲部屋（書斎）の再現などで業績、生涯を紹介している。

磐梯山噴火記念館　耶麻郡北塩原村桧原

　1888（明治21）年に磐梯山は大爆発し、明治以降最大級477人の犠牲者が出た。一方この噴火で桧原湖や五色沼など美しい湖沼群が出来た。常設展は大爆発、地形と地質、歴史、周辺の自然、世界・日本の火山の各コーナーで総合的に磐梯山と火山、火山災害を紹介。展望室もある。

名　字

◆地域の特徴

　福島県では佐藤、鈴木、渡辺の3つの名字が飛び抜けて多い。佐藤は県人口の6%近くに及んでおり、比較的県北部に多い。北部では伊達市や桑折町など人口の1割を超す自治体も多いほか、耶麻郡北塩原村や南会津郡下郷町でも1割を超すなど会津地区にも多い。

　2位の鈴木は県南部の東白川郡と会津の耶麻郡に多く、東白川郡塙町と耶麻郡磐梯町では人口の14%を占めている。

　3位の渡辺は県の中央部、本宮市から田村市にかけて集中している。3位とはいえ県人口の3%弱もあり、東北以外であれば県の最多にもなる比率だ。

　5位の遠藤は全国に広く分布しているが、ベスト10に入っている県は全国で福島県だけ。遠藤氏は藤原南家の出で、遠江国に住んだ藤原維頼が遠江の「遠」と藤原の「藤」をつなげて遠藤と名乗ったのが祖という。遠光の時に北面武士として摂津国西成郡岡山（大阪市）に住んだといい、摂津渡辺（大阪市）の武士団渡辺党と縁戚関係にあった。現在は東日本に集中し

名字ランキング（上位40位）

1	佐藤	11	阿部	21	菊地	31	本田
2	鈴木	12	伊藤	22	小野	32	古川
3	渡辺	13	星	23	石井	33	草野
4	斎藤	14	小林	24	長谷川	34	坂本
5	遠藤	15	加藤	25	山田	35	田中
6	高橋	16	根本	26	大竹	36	安斎
7	吉田	17	松本	27	斉藤	37	芳賀
8	菅野	18	五十嵐	28	三浦	38	山口
9	渡部	19	佐久間	29	高野	39	木村
10	橋本	20	佐々木	30	酒井	40	藤田

ており、県内では奥会津以外に広がっている。

8位には菅野が入る。菅野には「かんの」と「すがの」の読み方があり、全国的には約7割が「かんの」で3割弱が「すがの」。県内では「かんの」が87％と圧倒的に多いが、残りの大部分は「すがの」ではなく「すげの」と読む。とくに二本松市では菅野の6割以上が「すげの」と読み、県内順位も99位とベスト100に入っている。他県では「すげの」は少なく、千葉県大多喜町以外にはあまりいない。

菅野のルーツには2種類あると考えられる。一つは古代豪族の菅原氏に由来するもの。菅原氏は姓を縮めて菅家（かん）と呼ばれた。現在奥会津に集中している菅家という名字はこれに由来する。また、源頼朝が「みなもとのよりとも」、平清盛が「たいらのきよもり」といったように、姓と名前の間には「の」を入れた。菅原氏の場合も縮めた「菅」と名前の間に「の」を入れて「かんの〜」といい、この「の」の部分まで名字に取り込んだのが菅野である。

菅野のもう一つの由来は、植物の「スゲ」に由来するもの。「スゲ」はカヤツリグサの仲間で、湿地や渓流沿いなどを中心に広く自生している。昔は笠の材料にするなど身近な植物であった。このスゲを漢字では「菅」と書いたことから、菅・菅野などの名字が生まれている。

9位渡部は「わたなべ」と読む。ベスト10に同じ読み方の名字が2つ入っているのは珍しい。渡部も「わたなべ」「わたべ」と2つの読み方があるが、県内では96％が「わたなべ」である。とくに渡部の集中している会津では99％が「わたなべ」さん。浜通りでは「わたのべ」とも読む。

10位には橋本が入る。橋本とは「橋のたもと」という意味。江戸時代でも大都市以外で常設の橋が架かっていることは少なく、目立つ建造物だった橋に因む名字は多い。また、川を渡って行き来する人が橋に集中することから、橋のたもとは多くの人が行きかう重要な場所でもあった。そのため、多くの橋の付く名字の中でも、古代から続く高橋に次いで、橋本が多い。そして、県単位で橋本がベスト10に入っているのは全国で福島県だけである。

40位まででは、13位星、33位草野、36位安斎が特徴。とくに安斎は全国の半数以上が福島県にあり、さらに県内の半数は二本松市に集中している。安斉（斉）と書く名字もあり、こちらも県順位は300位以内。星は会津

から新潟県の魚沼市にかけて広がり、草野はいわき市に多い。

41位以下では、43位柳沼、45位国分、47位猪狩、50位三瓶、53位二瓶、60位緑川、67位新妻、71位蛭田、77位丹治、78位八巻、83位増子、99位菅野、100位門馬と、福島県独特の名字が並んでいる。このうち、三瓶は全国の半数が福島県にあり、郡山市と本宮市に集中している。また、増子は県内では95%近くが「ましこ」である。隣の茨城県でも「ましこ」が多いが、それ以外の県では「ますこ」と読むことが多い。

国分も県内でも読み方は「こくぶん」。国分という名字は国分寺に由来する地名がルーツ。全国各地に同名の地名があり、「こくぶ」と読むことが多いが、福島県の名字としては99%近くが「こくぶん」である。

101位以下にも、添田、矢内、小針、折笠、円谷、鴫原、荒、栗城、国井、野地、坂内、箭内、上遠野、白岩、宗形、金成、穴沢、先崎、藁谷と独特の名字が並んでいる。

矢内は、いわき市から白河市にかけての名字で、県内ではほとんどが「やない」。箭内もルーツは同じで漢字が変化したもの。この他にも、宗像と宗形、柳沼と八木沼など、同じ読み方で漢字の変化したものも多い。

● 地域による違い

福島県は大きく浜通り、中通り、会津の3地方に分けることが多い。

中通りでは、北部で佐藤、南部で鈴木が多く、その他では、福島市で紺野、宍戸、丹治、尾形、郡山市では柳沼、熊田、国分、増子、須賀川市では関根、安藤、白河市で深谷などが目立つ。また、本宮市では渡辺が人口の1割を超して最多、三春町では橋本が1割弱で最多となっている。その他では、中島村の水野谷、塙町の青砥、下重などが独特。

浜通りも北部で佐藤、いわき市では鈴木が多い。その他、いわき市では小野、根本、草野、大平が多く、馬上や緑川も目立つ。馬上は全国の半数近くが福島県にあり、そのほとんどが、いわき市に集中している。読み方は95%が「もうえ」で、残りは「まがみ」と「うまがみ」。県外では広島県の熊野町にも集中しているが、ここでは「ばじょう」と読む。緑川も県内の3割以上がいわき市在住。

相馬市から南相馬市にかけては、荒、門馬、森などが多い。浜通り北部には木幡が集中している。読み方には「こはた」と「こわた」があり、6割が「こわた」で4割が「こはた」。関東では「きはた」も多い。その他では広

野町の鯨岡、双葉町の井戸川、飯館村の赤石沢、新地町の荒などが特徴。

　一方、会津では星が圧倒的に多く、多くの市町村で一番多い名字となっている。檜枝岐村では人口の4割、下郷町では人口の2割近いという圧倒的な最多名字である。

　会津若松市や喜多方市、北塩原村などには小椋が多い。小椋は近江国小椋荘をルーツとする木地師の末裔。木地師とは椀や盆、杓子などを造る人々で、塗師によって漆が塗られると漆器となる。天正18（1590）年に蒲生氏郷が会津の領主となった際に、出身地の近江から招いたのが祖である。

　只見川上流の桧枝岐村では、村民の4割以上が星で、平野、橘と合わせた3つの名字で村のほとんどを占めている。

　この他では二瓶、栗城、坂内、小沼が目立つ。坂内は県内では9割以上が「ばんない」だが、県外では「ばんない」と「さかうち」はほぼ半分ずつ。小沼もいわき市では「こぬま」が多いが、会津ではほぼ「おぬま」。また、南会津町の羽染、田島町の児山、猪苗代町の小桧山、塩川町の江花なども独特。このうち児山のルーツは栃木県下野市の地名で、宇都宮氏一族の末裔である。

● 相馬氏

　県内の地名を名乗るもので一番有名なのは、相馬地区の戦国大名相馬氏だろう。ただし、この相馬氏のルーツは県内ではなく、下総国相馬郡（茨城県）である。平将門の子将国が祖であるといい、その後千葉師常が相馬師国の養子となって相馬氏を継いだことから、以後同家は桓武平氏千葉氏の末裔と称するようになったと伝える。師常は源頼朝に仕えて奥州征伐に功を挙げ、行方郡に所領を得た。そして、鎌倉末期になって一族をあげて下向し、小高城に拠って浜通りを代表する大名に発展した。以後、戦国時代まで行方・宇多・標葉3郡を領し、江戸時代も引き続き中村藩（相馬市）の藩主を務めた。小禄とはいえ、鎌倉時代から幕末まで一貫してほぼ同じ場所を支配し続けた家は少ない。

　県内の戦国大名は相馬氏の他に須賀川の二階堂氏、会津の芦名氏などがあるが、ともにルーツは今の神奈川県である。二階堂氏は藤原南家で、鎌倉市内の地名をルーツとする鎌倉幕府の有力御家人の一族。鎌倉時代初期に須賀川に所領を得て下向したのが祖である。芦名氏は桓武平氏三浦氏の一族で、ルーツは横須賀市の地名。やはり鎌倉時代初期に下向したとみら

れる。

● 檜枝岐村の名字

会津の奥に位置する桧枝岐村は、星、平野、橘の3つの名字で村民のほとんどを占めている。明治以前はこの3つしか名字はなかったといい、いずれも落ち武者の子孫とされる。

最初にこの地に住んだのが、平安時代の星一族。藤原姓で、和歌山県からこの地に落ちてきて、出身地の「星の里」(現在地不明)に因んで星を名字にしたと伝える。続いて源平合戦後、平家の落人がやってきて、「平」の字を含んだ平野を名字として桧枝岐村に住んだ。戦国時代には伊勢から橘姓という楠木氏が移り住み、姓の橘を名乗って土着。以後、星・平野・橘の3つの一族のみでこの村を支えてきた。落ち武者の村らしく、鯉のぼりを立てない、鶏を飼わないなど村には独自のルールもあった。

明治維新後は、教員などが移り住んだことで名字の種類は増えたが、それでも20種類以下しかなく、全国的にもきわめて珍しい。

◆ 福島県ならではの名字
◎ 円谷

福島県を代表する珍しい名字で、須賀川市を中心に郡山市から矢吹町の間に集中している。円谷プロを設立して怪獣ブームを興した円谷英二や、東京五輪のマラソンで銅メダルを獲得した円谷幸吉が、ともに「つぶらや」であることから、県外の人はほとんど「つぶらや」と読むが、実は県内では9割以上が「つむらや」である。

◆ 福島県にルーツのある名字
◎ 上遠野

陸奥国菊多郡菊田荘上遠野荘(いわき市遠野町上遠野)がルーツで、現在も半数以上が福島県にあり、いわき市に集中している。藤原北家秀郷流で、小山時秀の子政朝が上遠野氏を称したのが祖。初め岩城氏に従い、その滅亡後、伊達氏に仕えた。難読のため「かみとおの」とも読む。

◎ 桑折

南相馬市に集中している名字。陸奥国伊達郡桑折(伊達郡桑折町)がルーツ。伊達氏庶流という。代々伊達氏に従い、江戸時代は仙台藩士となったことから、仙台市にも多い。

◎田村
<ruby>田<rt>た</rt>村<rt>むら</rt></ruby>

　田村のルーツは各地の地名だが、最も有名な陸奥国田村郡（福島県）を
ルーツとする戦国大名の田村氏は坂上田村麻呂の子孫と伝えている。盛顕
の時に三春城に拠り、のち伊達氏に従った。宗顕は天正18（1590）年の豊
臣秀吉の小田原攻めに遅参して所領を没収された。その後、伊達忠宗の子
宗良が養子となって陸奥岩沼3万石を分知され、仙台藩の支藩となった。

◎田母神
<ruby>田<rt>た</rt>母<rt>も</rt>神<rt>がみ</rt></ruby>

　陸奥国田村郡田村荘田母神（郡山市田村町）がルーツで、田村氏の庶流。
初め田村氏に従う。江戸時代は仙台藩士となる。現在も全国の半数以上が
福島県にあり、とくに郡山市に集中している。

◎本名
<ruby>本<rt>ほん</rt>名<rt>な</rt></ruby>

　陸奥国大沼郡本名（大沼郡金山町）がルーツ。代々芦名氏に仕え、江戸
時代は仙台藩士となった。とくに大沼郡昭和村に集中している。

◎馬目
<ruby>馬<rt>ま</rt>目<rt>のめ</rt></ruby>

　陸奥国磐城郡好嶋東荘馬目村（いわき市）がルーツ。現在も全国の6割以
上が福島県にあり、いわき市小名浜に集中している。

◆珍しい名字

◎飯
<ruby>飯<rt>いい</rt></ruby>

　福島県と富山県に多い名字。福島県では郡山市や三春町にあり、「いい」
と読む。古くは井々だったが、江戸時代に飯井となり、さらに飯に変えた
という。

◎西海枝
<ruby>西<rt>さい</rt>海<rt>かい</rt>枝<rt>ち</rt></ruby>

　陸奥国耶麻郡西海枝村（喜多方市）がルーツで、戦国時代は芦名氏に従っ
ていた。現在は東北各地にあり、漢字それぞれの読み方から、「さいかいし」
とも読む。

◎十二村
<ruby>十<rt>じゅう</rt>二<rt>に</rt>村<rt>むら</rt></ruby>

　陸奥国会津郡十二村郷（会津若松市）がルーツ。芦名氏の家臣だったが、
のちに伊達氏に仕え、江戸時代は仙台藩士となった。現在も会津地方に多い。

〈難読名字クイズ解答〉
①あらい／②いかいだ／③うたがわ／④えねい／⑤かもんぜき／⑥くまがみ／⑦
くらべいし／⑧くろがね／⑨こわぐち／⑩さいかち／⑪だいひさ／⑫とくさ／⑬
ひらきうち／⑭もうえ／⑮よぎあし

II

食の文化編

米／雑穀

地域の歴史的特徴

会津の肝煎（名主）・佐瀬与次右衛門は1684（貞享元）年に農業指導書『會津農書』、1704（宝永元）年にその内容を五七五調の和歌でつづった『會津歌農書』を著している。前者は上・中・下巻の3巻からなり、上巻は稲作、中巻は畑作を扱っている。後者には「春之霜ハ八十八夜之霜と云て寒明て（注：立春から）日数八十八日目迄降る」といった記述がある。両書とも農民たちにより筆写され、会津地方の米づくりなどの"バイブル"になった。

幕末に現在の県域には、会津、福島、下手渡、二本松、三春、守山、長沼、白河、棚倉、中村、平、湯長谷、泉各藩があった。1876（明治9）年8月21日に、旧福島県、磐前県、若松県の3県が合併して現在とほぼ同じ福島県の姿になった。福島の中心市街地のあたりはかつて、見渡すかぎりの湖で真ん中に信夫山があった。この山に吾妻おろしが吹きつけていたため、吹島とよばれるようになった。その後、湖は干上がって陸地となり集落が生まれた。風が吹きつけることをきらって、吹を縁起の良い福とし地名になった。

県名の由来については、ほかに①フク（湿地）とシマ（孤立地）、つまり水の豊かな中洲、②フク（幸せ）のシマ、つまり幸せの砂洲、といった説もある。直接には、当時の県庁所在地だった福島町からとっている。同県は8月21日を「福島県民の日」と定めている。

コメの概況

福島県の水田率は70.1％で全国平均（54.4％）をかなり上回っている。コメは農業産出額の28.5％を占め、品目別農業産出額ではトップである。米づくりは郡山盆地、会津盆地、福島盆地が中心である。

水稲の作付面積、収穫量の全国順位はともに7位である。収穫量の多い市町村は、①郡山市、②喜多方市、③会津若松市、④須賀川市、⑤白河市、

⑥いわき市、⑦会津美里町、⑧会津坂下町、⑨猪苗代町、⑩福島市の順である。県内におけるシェアが10%以上なのは郡山市（12.3%）だけで、全体としては県内各地に分散しているものの、2011（平成23）年の東日本大地震で大きな被害を受けた浜通りは、水稲でみる限り復旧とはほど遠い状況にある。こうした影響もあり、ベスト10の半数が喜多方市、会津若松市など会津の市町である。

　福島県における水稲の作付比率は、うるち米95.6%、もち米3.7%、醸造用米0.7%である。作付面積の全国シェアをみると、うるち米は4.4%で全国順位が山形県と並んで6位、もち米は4.1%で7位、醸造用米は2.2%で滋賀県と並んで12位である。

　陸稲の作付面積の全国順位は青森県、新潟県と並んで、収穫量は青森県と並んで、ともに8位である。

知っておきたいコメの品種

うるち米

（必須銘柄）コシヒカリ、ひとめぼれ
（選択銘柄）あきたこまち、あきだわら、笑みの絆、LGC ソフト、大粒ダイヤ、おきにいり、五百川、さいこううち、ササニシキ、里山のつぶ、たかねみのり、チヨニシキ、つくば SD1 号、つくば SD2 号、天のつぶ、はえぬき、ふくのさち、ふくみらい、ほむすめ舞、まいひめ、瑞穂黄金、みつひかり、みどり豊、ミルキークイーン、ミルキープリンセス、夢ごこち、ゆめさやか

　うるち米の作付面積を品種別にみると、「コシヒカリ」が最も多く全体の61.4%を占め、「ひとめぼれ」（22.9%）、「天のつぶ」（8.9%）がこれに続いている。これら3品種が全体の93.2%を占めている。

- **コシヒカリ**　2015（平成27）年産の1等米比率は94.0%とかなり高く、生産県の中で長野県に次いで2位である。会津、中通り、浜通り産の「コシヒカリ」の食味ランキングはいずれも最高の特 A である。
- **ひとめぼれ**　2015（平成27）年産の1等米比率は88.2%だった。会津、中通り産の「ひとめぼれ」の食味ランキングは特 A だった年もあるが、2016（平成28）年産は A だった。

- **天のつぶ** 「天のつぶ」は 2011（平成 23）年から生産されている福島県のオリジナル品種である。2015（平成 27）年産の 1 等米比率は 88.4％だった。2016（平成 28）年産の食味ランキングは A である。
- **あきたこまち** 2015（平成 27）年産の 1 等米比率は 89.0％だった。
- **ミルキークイーン** 2015（平成 27）年産の 1 等米比率は 93.7％と高かった。

もち米

（必須銘柄）こがねもち、ヒメノモチ
（選択銘柄）朝紫、あぶくまもち
　もち米の作付面積の品種別比率は「こがねもち」78.4％、「ヒメノモチ」21.6％である。

醸造用米

（必須銘柄）なし
（選択銘柄）京の華 1 号、五百万石、華吹雪、美山錦、夢の香
　醸造用米の作付面積の品種別比率は「五百万石」56.3％、「夢の香」42.3％、「華吹雪」1.4％である。

- **夢の香** 福島県が「八反錦 1 号」と「出羽燦々」を交配し、2000（平成 12）年に育成した。

知っておきたい雑穀

❶小麦
　小麦の作付面積の全国順位は 26 位、収穫量は 25 位である。産地は南相馬市、会津坂下町、会津美里町、喜多方市などである。
❷六条大麦
　六条大麦の作付面積、収穫量の全国順位はともに 25 位である。
❸ハトムギ
　ハトムギの作付面積の全国順位は 8 位、収穫量は 7 位である。主産地は泉崎村で県全体の 98.4％とほとんどを占め、矢吹町（1.6％）が続いている。
❹そば
　そばの作付面積の全国順位は 4 位、収穫量は 8 位である。主産地は喜多方市、南会津町、猪苗代町、会津美里町、会津若松市など会津地方である。

栽培品種は「在来種」「会津のかおり」などである。

❺大豆

　大豆の作付面積の全国順位は24位、収穫量は22位である。主産地は会津若松市、相馬市、郡山市、喜多方市などである。栽培品種は「タチナガハ」などである。

❻小豆

　小豆の作付面積の全国順位は6位、収穫量は7位である。主産地は郡山市、二本松市、田村市、須賀川市などである。

コメ・雑穀関連施設

- **安積疏水**（郡山市、猪苗代町）　日本海に流れる猪苗代湖から太平洋側の安積の原野に導く疏水である。1879（明治12）年に国直轄の猪苗代湖疏水事業として着工し、1882（明治15）年に完工した。かんがいのほか、発電、上水、工業用水にも利用され、特に郡山市の発展に貢献した。計画時に、明治政府の「お雇い外国人」の一人であるファン・ドールンの助言を受けた。琵琶湖疏水などと並ぶ日本三大疏水の一つである。

- **新安積疏水**（郡山市、須賀川市）　正式には新安積幹線用水路という。郡山盆地の西部と岩瀬地方の北西部をかんがいするため1941（昭和16）〜66（同41）年度の新安積開拓建設事業として築造された。延長は36km。猪苗代湖に上戸頭首工を設け、水路とともに1,519haの田を開いた。1997（平成9）〜2008（同20）年度は、用水路を改修するとともに、小水力発電施設を設け地区内の土地改良施設に電力を供給している。

- **南湖**（白河市）　江戸時代後期の1801（享和元）年、白河藩主松平定信が、身分の差を越え庶民が憩える「士民（士農工商）共楽」という思想で築造した農業用のため池公園である。南湖公園として国の史跡と名勝に指定されている。湖の水は社川沿岸の104haの農地を潤している。

- **藤沼貯水池**（藤沼湖、須賀川市）　長年水不足に苦しんでいた旧長沼町、桙衝村、稲田村（3町村とも現在は須賀川市）の人々が主に人力で築いた。1937（昭和12）年に着工し、完成したのは49（同24）年である。現在も下流の865haの水田に農業用水を供給している。一帯は藤沼湖自然公園になっている。

- **二合田用水路**（二本松市）　江戸時代初期に、二本松の藩主・丹羽光重

公が、算学者・磯村吉徳と藩士・山岡権右衛門に命じて開削したかんがい用水路である。安達太良山中腹の烏川上流を水源とし、岳ダムの分水と合流し、二本松市の霞ケ城公園近郊に至る。全長は18kmである。昭和から平成にかけて大改修工事を行った。

コメ・雑穀の特色ある料理

- **ほっきめし**（相馬市）　ほっき貝は身がやわらかく、甘みのある貝で、ゆでると身の一部がピンク色に染まる。相馬市を中心とした浜通りでは、この貝が水揚げされる6月〜翌年1月頃にかけてほっき飯をつくる。地域の旅館、民宿の代表的な料理である。

- **引き菜もち**　大根、ニンジンを千切りにして炒めた「引き菜いり」に、福島市南部の立子山でつくられる凍み豆腐と、米粉でつくった白玉もちを入れてつくる。立子山の凍み豆腐は、約300年前に僧侶が和歌山県の高野山から高野豆腐を持ち帰り、土地の気候に合わせたつくり方をあみだしたのが始まりである。

- **しんごろう**（南会津地方）　昔、貧しくてもちをつくことができない「しんごろう」が、うるち米のご飯を丸めてもちに見立てて神様に供えていた。あるとき、これにじゅうねん（えごま）みそをまぶし、串に刺して囲炉裏で焼いたところ香ばしく、美味だったため、地域に広がった。

- **ソースカツ丼**（会津若松市、柳津町）　会津若松では「伝統会津ソースカツ丼の会」が結成されており、大正時代から親しまれてきた味を大事にしている。柳津町の「柳津ソースカツ丼」はかつの下にふわふわの卵焼きが敷いてある。どちらも特製のソースに特徴がある。

コメと伝統文化の例

- **八ツ田内七福神舞**（本宮市）　七福神が農家を回って豊作や家運隆盛などを祈りながら、笛、太鼓、三味線の音を響かせて舞う。元禄年間（1688〜1704）に始まった。本宮市指定の無形民俗文化財である。現在は塩ノ崎地区の10軒で伝統の踊りを継承している。回るのは1月7日夕方。

- **信夫三山 暁まいり**（福島市）　福島市のシンボル、信夫山に鎮座する羽黒神社の五穀豊穣などを祈願する例祭である。長さ12m、幅1.4m、重さ2トンの大わらじを約100人で担ぎ市内の目抜き通りから羽黒神社

に奉納する。江戸時代、同神社の仁王様の足の大きさに合わせて奉納したことが起源である。開催日は毎年2月10日〜11日。

- **御田植祭**（会津美里町）　伊佐須美神社を出発し、下町の御田神社御神田で田植えの神事を行い、その年の豊作を祈願する。小・中学生の獅子追い童子による「獅子追い」、デコとよばれる田植え人形がかつがれ、御田神社御神田で早乙女による田植えを行う神輿渡御も行われる。開催日は毎年7月11日〜13日。

- **大俵引き**（会津坂下町）　厳寒の雪の中で下帯姿の男衆が東西に分かれ、長さ4m、高さ2.5m、重さ5トンの俵を引き合う。上町が勝つとコメの値段が上がり、下町が勝つと豊作になるとされる。安土桃山時代に会津を治めていた蒲生氏が市神様をまつり、その前で大俵引きを行ったのが起源とされる。開催日は毎年1月14日。

- **つつこ引きまつり**（伊達市）　「つつこ」は大俵のことである。直径1.5m、長さ1.8m、重さ800kgの俵が使われる。赤、黄、白の3組に分かれた下帯姿の若者たちがこれを3方向に引き合う。江戸時代中期の享保年間（1716〜36）に大飢饉があり、当時の領主・松平通春（後の尾張徳川家第7代当主徳川宗春）が領民に種もみを分け与えたところ、翌年から大豊作になったことから五穀豊穣を祈る神事として盛んになった。開催日は毎年3月第1日曜日。

こなもの

喜多方ラーメン

地域の特色

　東北地方の南部に位置し、地勢・気候の影響や、藩政期に分立・統治された経緯から、県全体としてまとまった文化が育ちにくく、現在でも地域ごとの独自性が強い。太平洋に面したいわき地方を「浜通り」、白河の関から東北本線に沿って福島を経て宮城県境までを「中通り」といい、さらに冬は豪雪で寒く、夏は高温の会津盆地を中心とした新潟県の県境までの会津地方の3つに分かれている。浜通りは新鮮な魚介類に恵まれている。かつては会津地方の食生活は日本海から新潟を経て持ち込まれる食材に影響されたところもあった。その流れの一部は今でも残っている。中通りは、浜通りと会津地方の中間に属するが、ナシやモモなどの果樹園が発達している。

　平成23（2011）年3月11日の東日本大震災により、津波や地震による被害の他に、浜通りのいわきと仙台の中間に存在している東京電力の福島第1原子力発電所の壊滅、爆発などの大きなトラブルは、福島県内ばかりでなく、宮城県や関東各県へ放射性元素を飛散させ、米、野菜、牛などの食糧ばかりでなく、農地、山林、建築資材までも汚染し、原子力発電所周辺の住人は、他県や県内の汚染の心配のない地域に避難している。放射性元素の汚染の心配がなくなるまで40年以上も要するといわれている。

　この周辺の人々が生活を築いてきた故郷がなくなり、避難先から戻れる見通しもない。農地や山林の放射性元素による汚染は陸上で栽培される野菜・穀類に及ぶばかりでなく、海洋、沿岸、河川、湖沼の魚介類をも汚染し、しばらくは福島県の農産物や水産物は、放射線を測定しながら販売しなければならない状態である。

食の歴史と文化

　浜通り地域は、新鮮な海産物が流通していることで有名である。とくに、

冬には底性魚類であるカレイやアンコウの郷土料理は、人気であるが、いわきの漁港に水揚げされたこれらの魚類は流通できなくなり、他県に水揚げされた魚類を利用せざるを得ない状態である。いわきの春の魚であるコウナゴは、放射性元素による汚染が震災後、いち早く見つけられた魚である。夏の名物のウニの蒸し焼きの「貝焼き」も、ウニなどの磯の生物の汚染により外国産や他県産のウニで作らねばならない現状である。会津地方には伝統野菜が残っており、日本カボチャの「会津菊」は350年ほど前から栽培している。会津では、北海道で作られた棒ダラや身欠ニシンなどが、新潟の港から只見川に沿って運ばれ、これらを利用した郷土料理「ニシンの山椒漬け」などが今でも作られている。

南会津で作られる「しんごろう」は、うるち米を搗いた団子にエゴマ入りの味噌を塗って焼いたものである。発案者の名がそのまま料理名となっている。会津はそば（日本そば）で有名である。一方、喜多方市では小麦粉を原料とする「喜多方ラーメン」を提供する店が多くあり、街全体でラーメン文化を盛り上げている。

知っておきたい郷土料理

だんご・まんじゅう類

①ぬただんご

福島県喜多方市熊谷町の郷土料理。8月15日のお月見の日に作るだんごで、枝豆・米粉・もち米粉を原料としただんごである。8月15日は「豆名月」といわれるので「枝豆」を使っただんごを食べる。9月の節供には、餅に枝豆を潰した「ぬた」をつけて食べる。枝豆は、軟らかく茹でて、丁寧につぶし、餡のようにする。これが「じんだ」という。枝豆を潰したものは、青豆の風味がある。枝豆を潰して軟らかくした餡状のものは「ぬた」といわれている。ぬた、すなわち潰した枝豆は砂糖と少量の塩で味をつけ、だんごにまぶす。

だんごは、もち米粉とうるち米粉を混ぜ、これに熱湯を加え、耳たぶほどの硬さに練る。だんごができる硬さになったら、おにぎりの大きさに握り、蒸し器で蒸してから、臼にとって搗き、滑らかになったら冷ましてだんごに丸める。これにじんだの「ぬた」をまぶして食べる。

②かしわもち

　うるち米の粉ともち米を材料として柏餅の生地を作り、この生地を2つ折にして黒砂糖で調味した小豆餡を包み、さらに柏の葉で包んで蒸す。5月の節句や田植えじまいの祝い（「さなぶり」という）に作る。

③じゃんがら

　「じゃんがら」はいわき市に伝わる旧盆の「じゃんがら念仏踊り」に因んで名付けた饅頭。じゃんがら念仏踊りは太鼓をたたいて踊るので、太鼓を象ったカステラ風の生地で小豆餡を両方から挟んである。両面の皮には「自安我楽（自らあんじて我を楽しむ）」の焼印がある。

④薄皮饅頭

　郡山市の「柏屋」（創業、嘉永5年、1852）の小豆のつぶし餡の入った饅頭。初代の柏屋善兵衛が「饅頭は国民の滋養である」との考えから考案し、奥州街道郡山宿の薄皮茶屋で売り始めたと伝えられている。

麺類の特色　　白河から会津の山間部一帯では、ソバがとれ、玄そばといわれている。この地方は気候や水に恵まれている。

めんの郷土料理

①白河そば

　白河から会津地区でとれるソバを白河そばとよんでいる。

②手打ちそば

　喜多方方面の農家では、雪の深い日を過ごすために手打ちそばを作り、ざるそばにして楽しむ。

③うどんの冷やだれかけ

　自家製の手打ちうどんを釜茹でした食べ方である。つけ汁のだしは鰹節でとり、エゴマの入った味噌をそのだしで薄めたものをかけるか、つけて食べる。

④喜多方ラーメン

　蔵のある町・喜多方には、100軒以上のラーメン店があり、喜多方以外にも東京をはじめ各地に存在する。特徴は、コシのある太い麺。スープは豚骨と煮干しのだしをベースとし、あっさりしている。

▶ 日本有数のあんぽ柿生産地・伊達地方

くだもの

地勢と気候

　福島県の面積は 1 万 3,783 km² で、北海道、岩手県に続いて全国で 3 番目の広さをもつ。東北地方の南部に位置し、東北だけでなく、首都圏との交流も深い。2011（平成23）年の東日本大震災で津波による犠牲者に加え、東京電力福島第一原子力発電所の事故で多くの住民が避難を余儀なくされた。福島県は、南北に走る阿武隈高地と奥羽山脈によって、浜通り、中通り、会津の 3 地方に分かれる。

　気候も 3 地方でそれぞれ異なり、会津は日本海側の気候の特徴をもち、山間部を中心に多雪である。特に、会津の西部は日本有数の豪雪地帯で、只見川などの流域には多くの水力発電所が立地している。浜通りは、太平洋側気候の特徴をもつ。海風が入りやすいため、一年を通して穏やかな気候である。中通りは、太平洋側に近い気候である。阿武隈高地山間部、猪苗代湖周辺、会津山間部では高原性の気候、福島、郡山、白河、会津若松周辺は盆地特有の気候である。

知っておきたい果物

桃　　桃は福島を代表する夏の果物である。福島県における桃の栽培面積、収穫量の全国順位は、ともに山梨県に次いで 2 位、収穫量のシェアは21.3％である。主産地は福島市、伊達市、桑折町、国見町などである。

　栽培品種は、8 月は「あかつき」、9 月は「ゆうぞら」が主力である。あかつきは、試験栽培では小玉にしかならなかったが、福島県が栽培技術の改良に乗り出し、大玉にできる技術を確立した。福島県ブランド認証産品である。「あかつき」という名前は「信夫三山 暁 まいり」に由来する。

　福島の桃は多品種で、「あかつき」「ゆうぞら」のほか、「はつひめ」「まどか」「川中島白桃」なども生産している。出荷時期は 7 月中旬～10 月上旬頃である。福島の桃の多くは無袋栽培で育てている。

県庁所在都市と政令指定都市を対象にした総務省の家計調査（2012〜14年の平均）によると、桃の1世帯当たり年間購入量は福島市が最も多く、2位の長野市を59.7％上回っている。

日本ナシ　桃に次いで、全国シェアの高い果物は日本ナシである。栽培面積、収穫量の全国順位はともに4位で、東北では最も多い。「幸水」「豊水」「二十世紀」のほか、大玉の「新高」を生産している。

　主産地は、福島市、須賀川市、いわき市などである。出荷時期は「幸水」が8月下旬〜9月中旬、「豊水」が9月中旬〜10月上旬、「新高」が9月下旬〜10月上旬頃である。

スモモ　スモモの栽培面積の全国順位は5位である。収穫量は全国順位が青森県と並んで5位、全国シェアは4.0％である。栽培品種は「大石早生」などである。主産地は伊達市、国見町、福島市などである。出荷時期は7月上旬〜8月上旬頃である。

　さわやかな甘味のある「大石早生」は、伊達市の大石俊雄が育成し、1952（昭和27）年に品種登録した品種である。

カキ　カキの栽培面積の全国順位は5位、収穫量は12位である。干し柿の「あんぽ柿」は、伊達市で大正時代に開発された。硫黄で燻蒸してから乾燥させる。1本のひもに数個から10数個の皮をむいたカキを結んだひもを雨を避けて軒先などに吊るす。天干し柿が変化して「あんぽ柿」になった。伊達地方は、日本でも有数のあんぽ柿生産地であり、“カキカーテン”は伊達地方の冬の風物詩である。伊達市を中心に、国見町、桑折町などで生産され、12月〜3月頃にかけて出荷される。2011（平成23）年の東京電力福島第一原発の事故後、加工を自粛していたが、2013（平成25）年以降再開している。福島県のブランド認定商品でもある。

　「会津身不知柿」は、渋ガキのため、焼酎などで渋抜きをすると、甘味が強まり、歯触りがよくなる。皇室献上ガキである。

リンゴ　リンゴの栽培面積の全国順位は6位、収穫量は5位で、収穫量のシェアは3.4％である。主産地は福島市、伊達市、須賀川市などである。

　栽培品種は11月上旬〜12月上旬頃に出荷される蜜入りの「サンふじ」が中心である。他の品種の出荷時期は「王林」が10月下旬〜11月中旬、「つがる」が8月下旬〜9月下旬、「ジョナゴールド」が9月下旬〜10月下旬

頃である。

プルーン　　プルーンの栽培面積の全国順位は8位、収穫量は7位である。主産地は郡山市、福島市、伊達市などである。

サクランボ　　サクランボの栽培面積、収穫量の全国順位はともに6位である。栽培品種は「佐藤錦」などである。主産地は福島市、会津若松市、伊達市などである。出荷時期は6月上旬～下旬頃である。

西洋ナシ　　西洋ナシの栽培面積、収穫量の全国順位はともに8位である。主産地は福島市、会津若松市、郡山市などである。

ブドウ　　ブドウの栽培面積の全国順位は13位、収穫量は12位である。栽培品種は「巨峰」「ピオーネ」「ロザリオ」「シャインマスカット」「あづましずく」などである。主産地は福島市、伊達市、会津若松市、郡山市などである。

　出荷時期は「巨峰」が9月中旬～10月中旬、「ピオーネ」が9月中旬～10月中旬、「ロザリオ」「シャインマスカット」などが9月中旬～10月中旬頃である。「あづましずく」は福島県のオリジナル品種で、収穫時期が8月中旬頃と早めである。

ネクタリン　　ネクタリンは桃の変種である。ネクタリンの栽培面積の全国順位は3位、収穫量は長野県に次いで2位である。主産地は須賀川市、伊達市、国見町などである。

アンズ　　アンズの栽培面積、収穫量の全国順位はともに3位である。主産地は国見町、伊達市、塙町などである。

ブラックベリー　　ブラックベリーの栽培面積の全国順位は岐阜県に次いで2位である。収穫量の全国順位は3位である。主産地は塙町などである。

サルナシ　　サルナシの栽培面積の全国順位は山形県に次いで2位である。収穫量の全国順位は香川県に次いで栽培面積同様に2位である。主産地は玉川村などである。

ヤマブドウ　　ヤマブドウの栽培面積の全国順位は8位、収穫量は5位である。主産地は田村市などである。

イチジク　　イチジクの栽培面積の全国順位は7位、収穫量は16位である。主産地は新地町、いわき市、玉川村などである。

ウメ　ウメの栽培面積の全国順位は7位、収穫量は14位である。主産地は会津若松市、郡山市、会津美里町などである。

　会津美里町の旧会津高田地区は、大粒で種の小さい高田梅の産地である。1個が50g以上、なかには100g近いものもあり、カリカリ漬や甘酢漬に適している。

イチゴ　イチゴの作付面積の全国順位は15位、収穫量は17位である。栽培品種は「ふくはる香」などである。主産地は伊達市を中心に、いわき市、福島市、矢祭町、鏡石町などである。収穫時期は11月下旬～6月中旬頃である。

　「ふくはる香」は福島県のオリジナル品種である。「章姫」と「さちのか」を交配して育成し、2006（平成18）年に品種登録された。

パッションフルーツ　パッションフルーツの栽培面積、収穫量の全国順位はともに5位である。主産地は南相馬市、相馬市などである。

ギンナン　ギンナンの栽培面積の全国順位は5位、収穫量は24位である。主産地は本宮市、玉川村、伊達市などである。

カリン　カリンの栽培面積の全国順位は5位、収穫量は11位である。主産地は伊達市などである。

ブルーベリー　ブルーベリーの栽培面積の全国順位は12位、収穫量は30位である。主産地は棚倉町、三春町、猪苗代町などである。

ユズ　ユズの栽培面積の全国順位は28位、収穫量は34位である。主産地は塙町、矢祭町、福島市などである。

地元が提案する食べ方の例

果物なます（会津若松市食生活改善推進委員会）

　大根、ニンジンは短冊切りにして、塩もみ、干し柿などのドライフルーツは食べやすい大きさに。これらと酢、砂糖、塩を混ぜ合わせて、しばらく置く。

桃に冷たいパスタ（公益社団法人福島県青果物価格補償協会）

　パスタはゆでて冷やし、オリーブオイルなどで下味をつける。ゆでて斜め切りしたアスパラ、短冊切りのハムと混ぜ調味料で味付けし、食べる前

に桃を切り混ぜる。

梨の三色生姜酢和え（公益社団法人福島県青果物価格補償協会）

千切りにしたナシとキュウリ、4つに切ったミニトマト、細かい千切りにしたショウガを、調味料を混ぜてつくった合わせ酢で和える。白、緑、赤の3色を楽しむ。

りんご入りカレースープ（公益社団法人福島県青果物価格補償協会）

タマネギ、ニンジン、セロリをバターで炒め、鶏肉、リンゴを加える。小麦粉、カレー粉を入れて炒めチキンスープを加えて煮込み、生クリームなどを足す。

柿とささ身のゴマかき揚げ（公益社団法人福島県青果物価格補償協会）

卵、冷水、小麦粉を混ぜて衣をつくり、調味料と混ぜた角切りのカキとささみを混ぜる。熱した油に木べらにのせて入れ、揚げる。天つゆはだし汁でつくる。

消費者向け取り組み

- **観光果樹園**　福島市、フルーツライン、ピーチライン沿い。桃は7月中旬〜9月上旬、梨は8月下旬〜10月上旬、ブドウは9月上旬〜10月上旬、リンゴは10月上旬〜12月上旬
- **いちご狩り**　相馬市、和田観光苺組合、1月中旬〜5月下旬
- **ミスピーチの選出**　福島県くだもの消費拡大委員会

魚　食

地域の特性

　福島県は太平洋に面している「浜通り」、阿武隈高地や奥羽山脈が走る中央部の「中通り」、これら高地より山のほうの「会津」の3地区に分けられている。海産魚を多く利用するのは、浜通り地区である。近年の交通網の発達により中通りも会津地方へも海産魚は流通している。歴史的には新潟から会津へ運ばれた北海道産の身欠きニシンや開き干しのホッケなどを利用した料理がある。

　福島県の相馬市の沿岸付近は松川浦や常磐沖である。松川浦では、古くからアサリ、ハマグリ、カキが生息していた。松川浦、常磐沖は黒潮と親潮が流れ、それらの海流にのって多種類の魚類が回遊してくるので、好漁場となっている。相馬から常磐までは小名浜をはじめ大小の漁港も魚市場も発達している。今でも、漁港やその近隣の住人は日常の生活に新鮮な魚には不自由しない。江戸品川湾へコメを運ぶ港ができている。

魚食の歴史と文化

　徳川時代、福島の松川浦は、広島からカキの種を移植してカキの養殖を行ったこともあった。安政年間には江戸のアサクサノリの養殖を始めた。福島県は南から北へ連なる阿武隈高地と奥羽山脈によって会津・中通り・浜通りの地方に分けられているが、福島沖は浜通りの地域に面している。浜通り地方は、太平洋気候を示し、会津や中通りに比べれば雪は少なく暖かい。春から夏にかけて南方からの黒潮（暖流）にのって「上りカツオ」が北上し、夏の終わりから秋にかけては黒潮が南方へ戻るにともない「戻りカツオ」も南下する。上りカツオは風味がよく、戻りカツオは脂肪が多いと人気である。かつては、夏にはウニやホッキガイなどが大量に獲れ、「ウニの貝焼き」や「ホッキガイの干物」などは懐かしい味として残っている。冬にはアンコウの身肉や皮などを茹でて、肝の入ったとも酢をつけて食べ

る「アンコウのとも酢和え」が、懐かしい味として伝承されている。

地域の魚介類　　福島沖や海浜で獲れる主な魚介類として、福島県水産課は季節別に次のように紹介している。

・春の旬の魚介類：アサリ、メヒカリ（アオメイソ）、コウナゴ
・夏の旬の魚介類：ホッキガイ、カツオ、ウニ（キタムラサキウニ）
・秋の旬の魚介類：サンマ、サケ、ヒラメ
・冬の旬の魚介類：アンコウ、ズワイガニ、カレイ（ヤナギムシガレイ）

　福島の沖合は、黒潮と親潮が交錯するいわゆる潮目の海である。このため、沿岸や沖合で漁獲される魚介類は、海域や季節によって北方系のもの、南方系のものなど多種多様な魚介類がある。代表的な魚介類として福島県水産試験場が次の魚介類を紹介している。カツオ、イワシ（マイワシ、カタクチイワシ）、サンマ、コウナゴ、シラウオ、サケ、ヒラメ、カレイ、アンコウ、メバル、アイナメ、メヒカリ、アナゴ、ドンコ、マダラ、タコ、ズワイガニ、ホッキガイ、アワビ、ウニ。

　最近利用の多い魚介類としては、アンコウ（常磐沖）、コウナゴ、ヒラメ（常磐）、カレイ（マコガレイ、イシガレイなどの子持カレイ）、カツオ（常磐）、ベニズワイガニ（小名浜）、ウニ（いわき）、アサリ（松川浦）、ホッキガイ（松川浦）などがあげられる。

　会津で利用している川魚としては、フナ、ヤマメ、イワナ、アユ、マス、カジカ、ドジョウ、ウナギ、タニシなどがある。海産魚としては、春にはニシン、秋はサンマ、秋から冬にかけてはイカ、サバである。ほとんどは、生鮮食品ではなく、干物・塩乾魚・身欠きニシン・塩クジラ・棒ダラ・数の子・コウナゴ・筋子・塩引き（塩ザケ、塩マス）、塩辛、切りイカ、目刺しなどのイワシの干物、昆布、ワカメ、ヒジキ、トロロ昆布などである。

伝統食品・郷土料理

①カツオ料理

　カツオの刺身を大皿にもりつけて供され、ニンニク醤油かおろししょうがで食べるのが、この地域の食べ方。粗は味噌汁に。食べ残したカツオは、

醤油漬けしてから焼いて食べる。食べ残した刺身を醤油に漬けて、ご飯の上にのせ、これに熱い湯をかけて食べる、刺身のお湯かけ飯も美味しい。

②マイワシ・カタクチイワシ料理

　稚魚はシラスとして、幼魚は煮干しに加工する。鮮魚のよい成魚は刺身か塩焼き、煮つけで食べる。成魚は細いたけで目刺とし、乾燥してから焼いて食べる。

③サバ料理

　マサバとゴマサバが獲れる。新鮮なものは、みそ煮、塩焼き、しめサバで食べる。

④サンマ料理

　福島沖を回遊しているサンマは脂肪が多く、刺身（おろししょうが醤油、酢味噌のタレで食べる）、塩焼き、煮つけで食べる。サンマ鍋での食べ方もある。昔からのさんま鍋は、サンマを食肉に見立て、サトイモのとろみと風味を存分に活かしたすき焼き風の温サンマ鍋で、港町の小名浜地区の伝統料理である。野菜にはハクサイ、ニンジン、長ネギなどを使い、具にはしらたき、豆腐も使う。汁は醤油味で整える。また、サンマを腹開きし、内臓を除いて、醤油・砂糖・みりんのタレをつけて干したものがある。なめろう、ほうぼう焼き（なめろうを鉄板でやいたもの）などのすり身にした食べ方もある。

⑤コウナゴ料理

　甘露煮、佃煮として流通。稚魚はシラス干しにする。

⑥ヒラメ・カレイ料理

　刺身、すしタネとして全国へ出荷。地元ではわずかに刺身や煮つけで食べる。マコガレイ、マガレイ、ヤナギムシガレイ、ムシガレイ、イシガレイ、ババガレイなどが漁獲される。とくに冬に漁獲されるヤナギムシガレイは笹ガレイといわれるように姿がスマートであり、身が薄く、味は軽くて美味。淡く塩を振り、生干し状態に加工する。軽く焼いて食べる。

⑦アンコウ料理

　福島沖で漁獲されるアンコウはキアンコウ。アンコウの七つ道具（肉、皮、エレ、胃袋、卵巣、肝臓、ヒレ）を切り離し、どぶ汁（肝と味噌を混ぜた汁で、肝臓以外の部位とダイコンを煮る）、とも酢和え（肝臓と味噌を混ぜ、酢・砂糖で味を整えたみそダレ）を作り、茹でた皮につけて食べる。

⑧メヒカリ（アオメイソ）料理

　水深100〜300mに生息する。淡い塩味にしてから半日ほど干してから、丸ごと焼いて食べる。

⑨ニシンの山椒漬け・その他

　会津地方の正月料理として作られる会津の郷土料理である。材料の身欠きにしんは、北海道からの北前船が関西地方へ行く途中で、新潟におろし、それが新潟の山間部を通り会津に到着する。身欠きにしんを衣揚げする「ニシンの天ぷら」もある。

- ニシンの山椒漬け　会津地方の郷土料理。山に囲まれているので海産魚の利用は難しい。そこで工夫された料理が「ニシンの山椒漬け」である。ニシンが出回り、山椒の芽吹く4〜5月頃から、にしん鉢という銅版からなる長方形の箱型に、長いままの身欠きニシンと山椒の葉を交互に漬け込む。調味料には酢、醤油、砂糖、酒が使われる。会津地方の重要なたんぱく質の供給源となっていた。

- ニシンのすし漬け　会津地方では、湖や河川で獲れたアユ、ハヤ、マス、イワナなどの保存法として、ご飯の発酵により生成される乳酸菌を利用した「すし漬け」が作られてきた。ニシンのすし漬けは、身欠きニシンと冷ましたご飯、塩、麹を混ぜて発酵させてつくる。材料を詰め込む桶の下には、笹の葉を敷き、その上に材料を詰めて発酵させる。漬け込み期間は、季節によって異なる。正月に食べるすしを作るときには11月に漬け込む。サンショウの香りと酸味が、酒の肴に向く。

⑩漁師町の料理

- 刺身　明治の末期まで売買されていた白身魚はヒラメ、タイが主体。その後カレイ類も刺身で食べるようになった。

- 焼き魚　福島の漁師は、新鮮な魚を焼いて食べることは少なく、干物にしてから焼いて食べることが多い。魚としてはヤナギカレイ、メヒカリ、キンキ（アカジ）、サンマ、イワシなどを食べる。サンマ、イワシ、カレイは干物にしないで、鮮魚に塩を振ってから焼く場合もある。

- 煮魚　ナメタガレイ、アカジ、メヌケ、カナガシラ、冬に獲れる子持カレイなどは、煮つけにすることが多い。

- 肝臓・味噌・酢の味　魚の肝臓と味噌を混ぜて、酢、砂糖、みりんで調味し「とも酢」を作り、これをつけて食べる料理が多い。マンボウ、ア

ンコウのとも和えがある。

- 醤油汁と味噌汁　醤油味の吸い物としてアイナメ、カナガシラ、メヌケ、ナメタなどが利用される。

⑪加工品

　カツオの塩辛、サンマのみりん干し、ウニの貝焼き、サンマの味噌漬け、サンマの糠漬け、アカジの干物、メヒカリの干物。

- ウニの貝焼き　ホッキガイの貝殻に、キタムラサキウニの生殖巣をたっぷりとのせ、これを蒸したものである。最近はウニの資源も減少しているので外国産のウニを使い、貝殻も削って小さくなっている。

- サンマの糠漬け　サンマの頭と内臓を除いてから2日間塩漬けし、塩を混ぜた糠に漬け込む。半月ほどで出来上がる。

- みりん干し　みりん干しの原料にはイワシ、アジなどが使われている。福島の小名浜では、サンマを原料として作っていて、東京・築地市場でも「常磐のサンマのみりん干し」は、有名であった。秋に常磐地方の漁港に水揚げされるサンマは、脂がのっていて美味しい。腹開きしたサンマは、内臓を除き、調味液（砂糖・醤油・食塩・みりん）に一晩漬け込んでから乾燥する。つやだしには多糖類が使われ、乾燥途中で煎りゴマを魚全体に振りかける。甘みやコクがありご飯の惣菜にもなるが、酒の肴にも向いている。最近は、イワシやアジなどのみりん干しの流通が盛んになっている。甘みのあるこの干物は、甘いものがあまり流通していない時代は人気だったようである。

- 海藻料理　ワカメとナンコ貝の酢味噌、まつも汁、マツモの酢味噌、ひじきの油炒め、しゅうり（シュウリ貝）の味噌汁。

⑫福島・浜通りの伝統料理

- どんこ汁　江戸時代までは相馬藩の本拠であった小高地方の各家庭では、今なお食べられている郷土料理。ドンコはアイナメのことである。ブツ切りにしたドンコとネギ、ダイコン、ニンジン、ハクサイなどと煮込む鍋料理である。ドンコは夏から秋にかけて数メートルの浅場までくるので、この時期の釣り魚の対象となっている。白身魚で身離れのよい魚で、煮物や鍋として食べるのが美味しい。

- カツオの焼きびたし　浜通りの家庭では、家庭内の行事があれば、1日中か数日間はカツオ料理が続く。昭和20年代は、漁港に住む魚屋がリ

ヤカーでカツオを売りに来て、カツオを購入した家庭では、1尾を5枚におろしていた。「野馬追い」で知られている相馬地方では、この祭りのときに「カツオの煮びたし」を食べる。醤油・砂糖・酒からなる調味液にカツオの切り身を漬けたもの。煮びたしにしない部分は、刺身やたたき、煮物で食べる。

- **貝焼きの酢の物**　ウニの貝焼きは、いわき地方の名物である。「ウニの貝焼き」は5月から8月上旬までに漁獲されるキタムラサキウニの生殖巣をホッキガイの殻に山型に盛り、蒸し焼きにしたもので単に「貝焼き」ともいう。生ウニの苦手な人でも、抵抗なく食べられる。ウニの資源が少なくなり外国産のウニを原料とし、貝殻を削って小さくしたものが出回っている。貝殻にのっているウニだけをとりだし、砂糖と酢を加えてクリーム状にする。これと塩もみしたキュウリとを混ぜたもの。貝焼きは値が高いのでめったに食べられなくなったが、いわき市の漁港の町の江名では9月15日の流鏑馬のご馳走として供される。

- **メヒカリの酢漬け**　魚の資源が減少してから、深海に生息するメヒカリの食用化に注目されるようになった。内臓を除いたメヒカリをから揚げし、野菜とともに酢漬けしたもの。

- **サンマのほうぼう焼き**　頭、内臓、皮、骨を取り除いたサンマの身をまな板の上で、みじん切りしたネギやショウガとともにたたき、味噌とかたくり粉を入れて粘りと味付けをする。これを小判型にし、フライパンで焼く。

- **アンコウのとも和え**　いろいろな調理法がある。①肝を軽く炒めてから味噌、砂糖、酢で調味しながらつけダレ（甘みと酸味のある味噌味）を作る。食べやすい大きさに切った肉、皮、エラ、卵巣、ヒレなどを茹で、つけダレにつけて食べる。②切り干しダイコンとの炒め煮。フライパンで肝を炒め、味噌と砂糖を入れ、練るように炒める。この中に水戻しして、2cmくらいに切った切り干しダイコン、ワカメと混ぜる。この食べ方は、茨城県に近い勿来の関のある地域でよくみられる。昭和20年代には、魚屋はリヤカーで各家庭に売り歩き、アンコウを求めた家庭では、魚屋が吊るし切りをしてくれたものである。

- **ガレイの煮つけ**　新地の釣師浜では大晦日には欠かせない料理。伊達藩の特産品として伝えられている。イシガレイを卵巣や白子を残したまま

甘辛く煮つける料理。

- ●ほっきめし　ホッキガイ、ニンジン、シイタケ、油揚げを醤油・酒・砂糖で煮つけ、コメの中に入れて、そのまま炊く。

⑬川魚の料理

- ●鮎味噌　飯坂温泉の土産品。アユと山吹味噌を使った鮎味噌。
- ●鯉のあらい　東山温泉の名物料理。

⑭その他

- ●荒巻の頭煮　年末年始の荒巻ザケを利用した寒いときの食べ物で、粕を入れて粕煮（粕汁）。昔は、歳暮などでいただいた荒巻ザケは、年末から春にかけてエラのところに縄を通し荒巻ザケが土間に吊るしてあった。春近くなると頭と身が少し残るので、これを全部使って頭煮をたくさんつくり、何回も温めなおして食べる。会津では、ダイズも加える。相馬地方では、残り物のハクサイの漬物を入れることもある。阿武隈山系常葉地区では、正月20日に「骨正月」と称して、正月に供えた。
- ●するめの五目漬け　会津や中通りでの正月の酒の肴。するめとニンジンを使うことから、「いかにんじん」ともいわれている。五目の材料は、イカの素干しのするめのほか、数の子、昆布、ヒジキ、タコ、青畑豆（あおはた）など縁起のよいといわれる材料を組み合わせる。材料を合わせて煮たて、醤油・酒・みりんの漬け汁に漬け込み、1〜2週間後に食べる。
- ●シラウオ　イシカワシラウオとよばれる魚。酢醤油で食べる。
- ●サケ　かつては、福島の河川（阿武隈川、夏井川、鮫川）にもシロザケは遡上した。現在は、人工採卵して育てた稚魚を放流している。

肉食

ソースかつ丼

▼福島市の１世帯当たりの食肉購入量の変化（g）

年度	生鮮肉	牛肉	豚肉	鶏肉	その他の肉
2001	32,664	4,254	17,399	9,117	1,200
2006	35,104	3,903	19,467	9,732	1,194
2011	30,502	3,646	17,314	8,026	554

福島県は中央の奥羽山脈と東部の阿武隈高地によって、太平洋に面した東側の浜通り、東北本線や東北新幹線の沿線を中心とした地域の中通り、中通りの郡山から新潟方面へ走るJR磐越西線の会津・只見地方は会津と、福島県は３つの地域に区分される。浜通りは太平洋の影響により夏は涼しく、冬は比較的温暖であり、太平洋で漁獲される魚介類を食べる機会が多く、したがって食べる魚介類の種類も多く、量も多い。会津地方は盆地で夏の晴れた日は盆地特有の暑さであり、冬は積雪が多い。

古くから飼育が行われていた会津地鶏は、絶滅寸前の地鶏をもとに福島県農業総合センター畜産研究所の養鶏分讓が4年の歳月をかけて作り上げたブランド鶏で人気がある。中通りは、浜通りと会津地方の両者の中間にあたる気象である。恵まれた自然環境と水がきれいなのでウシやブタの飼育には条件がよいのである。

ただし、2011年3月11日の東日本大震災は、浜通りの双葉郡にある東京電力の原子力発電所の爆発を引き起こし、土壌や牧草に放射性物質が付着した。そのために、放牧しているウシは牧草から放射性元素による汚染が考えられるため、福島産のウシは市場では敬遠されている。

ここでは、放射性元素による汚染を考えないで福島県の食肉について考えることにする。

福島市の１世帯当たりの食肉購入量は、各年度の豚肉購入量を牛肉のそれと比べると４～５倍もある。福島県のブランドとして福島牛が開発されているが、県内での購入量は多くなっていない。

各年度とも生鮮肉購入量のなかで豚肉の割合は50%以上である。福島

凡例　生鮮肉、牛肉、豚肉、鶏肉の購入量の出所は総理府発行の「家計調査」による

県畜産会によって2000（平成12）年に酪農・肉用牛生産近代化が計画され、年々実行してきたが、古くからの豚肉嗜好は、21世紀になっても続いていることが推察される。近代化は、県民への安全で良質な動物性たんぱく質の安定的な供給、中山間地域等を含めた農山村の活性化、農用地への堆肥等の供給による地力の維持・増進等を通して、地域農業の進展に貢献するように期待されていた。2011（平成23）年3月11日の東日本大震災の発生時に起こった福島県双葉郡に位置する東京電力の事故は放射性元素が飛散し、放射線障害が問題となり、福島県の生産物に対する風評被害が大きくなり、福島産の生産物の販売は難しくなってしまった。

　肉用牛生産の近代化企画は、農作物や畜産物の放射性物質による汚染によって前へ進まなくなったように思われる。全国各地で開催されている畜産物のイベントでは、福島牛のPRを行っているが、知名度が高くないので販売の範囲が広がらないのが現状である。

　生鮮肉の購入量に対する牛肉の割合は、2001年以来10〜13%であった。全生鮮肉の購入量に対し数パーセントの「その他の食肉」は、ジンギスカン鍋の材料となる羊肉が主である。

知っておきたい牛肉と郷土料理

　会津地方の農協が独自で開発した配合飼料を使い、肉質向上を目指して試行錯誤をしながら飼育を続けて成果を生み出したのが福島の銘柄牛の開発の動機づけとなったといわれている。

銘柄牛の種類　東日本大震災による東京電力の福島第一原子力発電所のトラブルによる放射性物質の汚染が心配となっているが、現在流通している福島産のウシについては問題がない。福島牛、白河牛、飯館牛、都路牛など（飯館牛は、大震災後放射性物質による汚染から守るために千葉県に避難しているものもある）。

❶福島牛

　福島県の各地で飼育されている。良質な牛肉作りにこだわる生産農家が、手塩にかけて育てた「福島牛」は、色鮮やか、バランスのよい霜降り、軟らかな肉質、豊かな風味がありまろやかな味のブランド品であると評価されている。焼肉、すき焼きなどに合う。すべての牛がBSE検査放射性物質検査を受けている。放射性物質については、風評被害を受けていて、全

国的に販路を開拓するのは難しい。

福島牛の料理のメニュー

「福島牛特上カルビ」「福島牛特上ロース」「福島牛サーロイン」「福島牛みすじ」「福島牛さがり」「麓山高原カルビ」「福島牛上もも」「福島牛うで」などがある。

● **福島牛はしゃぶしゃぶで**　福島牛の品種は黒毛和種で、出生から出荷までの間に福島県内で飼育された期間が、もっとも長いウシである。ウシからとれる肉の量を示す歩留まり等級（Ａ〜Ｃ）と、脂肪の入っている状態（サシや霜降りの状態）で決まる肉質の等級（５〜１）を組み合わせた格付けは、４等級以上が福島牛と指定されている。福島県は、この格付けのうちＡ５とＢ５に限って福島牛の銘柄と認証している。霜降りの状態が非常によい福島牛は、ステーキ、焼肉、シチューなどでも美味しく食べられるが、とくにしゃぶしゃぶに適しているといわれている。

● **福島牛販売促進協議会**　福島牛の切り落としをハンバーグ、煮込み料理などでの利用を進めている。

なお、福島県は山形県に隣接しているため牛肉料理には米沢牛を利用する店もあり、また宮城県とも隣接しているので牛タンの店（会津、福島、郡山、いわきなど）もある。一般につくられる牛肉料理は、ファミリーレストランにおいて食べられることが多い。

知っておきたい豚肉と郷土料理

東北地方は、古くから豚肉志向であるといわれている。焼肉やすき焼き用の肉は牛肉ではなく、ほとんどが豚肉を使っている。カレーに入れる肉も豚肉を使うのが当たり前のようである。バブル経済期（1980年代の後期〜1990年代の初頭）に都会での贅沢な外食において牛肉を使ったすき焼き、しゃぶしゃぶ、焼肉、カレーなどを経験した団塊世代により、牛肉の利用が広まったように思われる。福島県内だけでなく、東北地方全域の大手スーパーや百貨店であっても牛肉を販売しているコーナーは狭く豚肉のコーナーが広かった。現在は、小売店でもスーパーやデパートの食肉売り場での豚肉、牛肉、鶏肉の売り場面積は同等となっているところが多くなった。隣接する山形県の米沢に影響を受けず、豚肉志向が大きい。

今でも、福島県では肉料理といえば豚肉を使った料理が福島県人の常識

ともいわれている。スーパーや小売店、百貨店での豚肉の販売には、すき焼き用にも豚肉、肉うどんの肉や生姜焼きの原料は豚肉である。焼き鳥の内臓も、豚肉を使うのが当然のように思っている年代の人は多い。

銘柄豚　銘柄豚の種類にはあぶくまナチュラルポーク、麓山高原豚、日本の豚・やまと豚SPF、清流豚とろなどがある。

福島県は豚肉文化で、かつてはカレーもすき焼きも豚肉の利用が多かった。現在は、すき焼きには牛肉を使うようになったが、カレーには豚肉を利用している家庭が多い。

『食べ物新日本奇行』（NIKKEI NET）によると、福島県は、すき焼きに豚肉を利用する人が10%以上存在する地域として紹介されている。

また餃子の具には、豚肉のミンチを使うことが多い。

❶うつくしまエゴマ豚

福島県全域で飼育している。古くから、会津地方ではエゴマが利用されているので、ブタのエサに加えるようになったと思われる。エゴマに存在するオレイン酸やリノール酸、リノレン酸などの健康効果を期待し、エサに加えるようになったと思われる。このブタは、福島県農業総合センター畜産研究所で造成された「フクシマL2」という品種のブタを利用しており、肉質が均一で、軟らかく、深い味わいを持つと評価されている。脂肪にはリノール酸やリノレン酸などの不飽和脂肪酸を含むので口腔内での口どけのよい融点となっている。

● **ソースカツ丼**　会津地方の豚肉料理の「ソースカツ丼」とは、第二次世界大戦後、会津地方の洋食屋が広くつくるようになった。ほかほかのご飯の上にサクサクキャベツを敷き、揚げたてのトンカツをオリジナルのソースでからめたものをのせた丼物である。店によって店主が工夫しているので、店による若干のちがいはある。第二次世界大戦後の食糧不足の時代に手軽に食べられる庶民のご馳走として生まれたともいわれている。

● **かつ丼のウスターソース味**　とんかつ、しゃしゃぶ、焼肉、かつ丼、串焼きなどの一般的な豚肉料理で利用されている。会津若松地方のかつ丼は、長野県のかつ丼にみられるように、丼のご飯の上に千切りキャベツを敷き、その上に薄切り豚肉のとんかつをのせ、ウスターソースをかけて味を十分に浸したものである。

- **三春グルメンチ**　ご当地グルメのメンチカツ。地元特産の皮が薄く柔らかい三春ピーマンを、ざっくり大きくカットして挽肉に混ぜる。
- **引き菜もち**　福島県南部の郷土料理。豚挽き肉と、大根やニンジン、ごぼう、しいたけの千切りを炒めて、県南部の立子山特産の凍み豆腐と油揚げの千切りと白玉もちを合わせる。

知っておきたい鶏肉と郷土料理

❶川俣シャモ

福島県の地鶏には「川俣シャモ」がある。伊達郡川俣地区で飼育されている。闘鶏に用いられるシャモをもとに、福島県農業総合センター畜産研究所養鶏分場が作り上げた品種である。肉質は、シャモの特徴のしっかりした筋肉を受け継ぎ、低脂肪・低カロリーで、噛むほどにうま味が口腔中に広がり味わいがする。シャモ鍋、丸焼き、焼き鳥、親子丼、から揚げで食べられる。ガラはラーメンのだしの材料となる。

- **鶏もつ缶詰**　喜多方・塩川地方には、鶏の皮を使った鶏もつ料理がある。缶詰会社がこれを缶詰にし、この地方の名物にしている。

知っておきたいその他の肉と郷土料理・ジビエ料理

福島県のジビエ料理としては浜通り地区から中通り、会津地方のイノシシ、クマ、シカの料理があり、各地で提供されていた。とくにイノシシの牡丹鍋は浜通りの食堂でも提供されていたが、3・11の東日本大震災による東京電力福島第一原子力発電所の事故により、山間部に棲息する動物も放射性物質により汚染されて食用に適さなくなった。

福島県の家畜類の多くが、東日本大震災に伴う東京電力の福島第一原子力発電所の事故によって、放射性物質により汚染されていない県内または県外の安全の地域に避難したため、ペットや家畜を人間が管理できなくなってしまった。そのために、野生化したり、豚は野生のイノシシとの交配によりイノブタが出来てしまったということも報道されている。ネズミや猫による家屋が荒らされ、田畑も野生のイノシシにより荒らされた状態とも報道されている。

福島第一原子力発電所から離れている二本松、郡山、三春、飯坂のレストランや宿泊施設では、近くの山間部で環境保全調整のために捕獲された

獣鳥類は、ジビエ料理として提供されている。

- **熊肉料理**　福島県の中通りの山中や阿武隈山脈にはツキノワグマやヒグマが棲息している。福島市内には、熊肉鍋を提供する店がある。クマの手は薬膳料理に使う店もある。クマ肉やシカ肉は猟師が捕獲したものを食べる程度であるが、生食は寄生虫が存在しているので食べずに、必ずニンニク味をきかせて、から揚げのように加熱料理をして食べる。
- **マトンの焼肉**　福島県全体としての焼肉は、豚肉の焼肉が定番であるが、田村郡で焼肉といえばマトンの焼肉が定番である。
- **会津地方では馬刺し**　会津地方では馬肉を桜肉として賞味している。辛子味噌を醤油で溶かしたものを付けて食べる。とくに、会津坂下町の馬肉料理は有名である。
- **馬肉料理**　福島県の馬肉料理を提供する店は、会津若松方面に8〜9店ほどある。馬刺し、ホルモンの網焼き、肉の網焼き、ホルモンの味噌煮込み、桜鍋、馬肉すき焼きなど。網焼きは醤油をベースとしたタレで食べる。
- **くじら汁**　鯨の皮の付いた皮下脂肪の部分の塩漬けを塩抜きし、ジャガイモや大根と煮た味噌仕立ての汁。会津地方の郷土料理。
- **祝言そば**　猪苗代町で結婚式の時に振舞われた蕎麦。山鳥(現在は鶏肉)とごぼう、ネギが入る。

地　鶏

▼福島市の 1 世帯当たり年間鶏肉・鶏卵購入量

種　類	生鮮肉（g）	鶏肉（g）	やきとり（円）	鶏卵（g）
2000 年	34,934	8,380	1,782	35,953
2005 年	31,998	8,600	2,209	33,655
2010 年	34,948	10,262	2,695	32,694

　福島県は、いわき市周辺を中心とする「浜通り」、福島市・郡山市・白河市など東北本線や東北新幹線周辺を中心とする「中通り」、会津若松や磐梯山を中心とする山間部の会津地方の 3 つの地域に区別され、それぞれの食文化に違いがある。浜通りは、水産物の豊富な地域であったが、2011年 3 月 11 日の東日本大震災に伴う東京電力の福島第一原子力発電所の事故が起きた。電力関係が機能しなくなっただけでなく、震災後 3 年以上も経過しているのに、復興どころか、福島原子力発電所周辺には人が住めないほどに放射性物質が飛散し、放射能レベルは高濃度になり、また、放射性物質が海洋にも流出し海洋の放射性物質による汚染、海洋に生息している魚介類の放射性物質による汚染が続いているため、いまだに養鶏ばかりでなく田畑での農作物の栽培もできない状況である。

　福島県産の地鶏や銘柄鶏は中通りの川俣の「川俣シャモ」と伊達地方の「伊達鶏」、山間部の会津地方の「会津地鶏」がある。川俣地方と伊達地方は、福島第一原子力発電所から離れてはいるが放射性物質により汚染された地域もあり、いまだに避難している人がいる。川俣地方から会津へ避難した養鶏業者には再び川俣地方で川俣シャモの飼育のできることを期待しながら、避難地で細々と川俣シャモの飼育を続けている。川俣シャモも伊達鶏も阿武隈山系の自然の中で、開放鶏舎で健康で安全・安心な鶏の飼育を行っているので、目には見えない放射性物質による鶏舎の汚染を常に気にしていなければならないのである。

　鶏卵の購入金額で県庁所在地の福島市は購入金額全国2位（1位は神戸市、3位は堺市）。福島市の 1 世帯当たりの生鮮肉の年間購入量は、

34,000g 台を推移しているが、2005年の購入量がやや減少している。この原因として家畜・家禽の感染症の発生が関係していると推測している。鶏肉の購入量は2000年よりも2005年、2005年よりも2010年と増加している。市販のやきとりの購入量も鶏肉の購入量と同じような傾向である。このことは、家庭での鶏肉料理が増えただけでなく、調理済み食品の利用傾向が増加していることと関連している。また、全国的に鶏肉を購入する理由として「価格が手ごろ」をあげている人は多い。食肉を購入するときの重要なポイントが「値段の手ごろなこと」にある人が、全国的に多い傾向がみられることから、今後とも鶏肉の購入量は増える傾向があると推測している。

　福島県の会津地方の知名度は、NHKの大河ドラマ「八重の桜」(2013年)によって高くなっているが、鶏肉を使った食べ物に限ると福島県の中央部に位置する喜多方が有名である。喜多方市は、「喜多方ラーメン」で町興しに成功している。ラーメンのスープのだしの材料として鶏肉や鶏がらは必須なので、この地方は鶏肉の利用に大いに貢献しているといえる。

知っておきたい鶏肉、卵を使った料理

- **焼き鳥**　福島市周辺は、“川俣しゃも”や“伊達どり”の生産が盛ん。この鶏を広めるために、「福島焼き鳥の会」が結成されている。特製のつくね“いいとこ鳥”と豚内臓のやきとり店が混在する。たれには、県産の梨が使われている。“世界一長い焼鳥”の競争を、山口県長門市や和歌山県日高川町と繰り広げている。福島市は、北海道の美唄市、室蘭市、埼玉県東松山市、愛媛県今治市、山口県長門市、福岡県久留米市とともに“日本七大やきとりの街”といわれている。(各部位の説明は付録3を参照)

- **伊達鶏ゆず味噌焼き弁当**　福島の銘柄鶏“伊達鶏”を使った評判の駅弁で、1890 (明治23) 年創業の伯養軒が作る。特製のゆず入りの味噌に漬け込んだ伊達鶏のむね肉を風味良く焼き、スライスして、黄色が美しい錦糸卵と鶏そぼろの上に彩り良く盛り付けられたお弁当。

- **凍み豆腐入りたまご丼**　郷土料理。郡山北部周辺は、気候や地形、風土が凍み豆腐作りに適した土地で、風味が良くてきめが細かく、まろやかでやわらかい凍み豆腐が作られている。この凍み豆腐と、信夫冬菜、な

ければ小松菜を卵でとじた丼物。凍み豆腐は、和歌山県の高野山で作られ製法が精進料理とともに全国に広まったとする説と、伊達政宗が兵糧の研究で編み出した説、大陸から伝来した説がある。「凍み豆腐」は東北や甲信越での呼び名で、「高野豆腐」は高野山以西と信州である。JAS（日本農林規格）では「凍り豆腐」となっている。

- **塩川の鳥モツ**　喜多方市塩川のモツ煮は、内臓ではなくて鳥の皮の煮込みが出てくる。昔塩川では鶏肉は売り物で、残った鳥の皮を上手に使った家庭料理が郷土料理となった。鳥皮はコラーゲンが豊富な美容食。町内のお店で定食がいただける。有志により「塩川鳥モツ伝承会」が結成されて地域活性につなげるために全国に情報発信をしている。

- **ラジウム玉子**　飯坂温泉の63〜70℃の温泉水で作った温泉卵。白身はゼリー状で、黄身はプリンのように滑らかに仕上がっている。飯坂温泉は、日本初のラジウム温泉で、2世紀頃には日本武尊が、また松尾芭蕉も入ったと伝わる温泉。鳴子温泉、秋保温泉とともに奥州の三名湯。

卵を使った菓子

- **伊達男プリン**　新鮮な卵をたっぷり使った大きなプリン。370gのボリュームがあるが、味付けに工夫してあるので飽きがこない。アグリテクノが作る。
- **檸檬**　1852（嘉永5）年創業の郡山市の柏屋が作る銘菓。新鮮なミルクとクリームチーズ、卵でしっとり丹念に焼き、ほのかなレモン風味と口どけの良さが特徴。
- **会津あかべえサブレ**　会津に伝わる厄除けの民芸玩具の"赤べこ（赤牛）"から生まれたご当地キャラが"あかべえ"。この可愛らしいキャラクターを模してサクサクのサブレに仕上げた。

地 鶏

- **川俣シャモ**　体重：雄平均3,300g、雌平均2,600g。レッドコーニッシュと軍鶏を交配した雄に、ロードアイランドレッドの雌を交配して作出。平飼いで飼養期間は平均110〜121日と長い。漢方を混ぜた専用飼料を与え広々としたスペースでゆったりと育てる。肉質は、深いコクがあり脂っぽくなく適度な弾力がある。鍋料理、ローストチキンに向く。また、

川俣シャモ料理研究会加盟店ではいろいろな料理が楽しめる。川俣シャモファームが生産する。江戸時代、川俣は絹織物の生産で栄えており、富を得た人たちが軍鶏の闘鶏を楽しんでいたという素地がある。

- **会津地鶏**　在来種。体重：雄平均3,100g、雌平均2,500g。平家の落人が会津に持ち込んだ地鶏で、愛玩用に飼われていた鶏を、県の養鶏試験場が、大型で肉質が良く産卵能力も向上するようにロードアイランドレッドとホワイトロックを交配して作出した。平飼いで飼養期間は平均125日と長い。肉質は適度な歯ごたえがありコクと旨味に優れ、鶏特有の臭みがない。会津養鶏協会が生産する。また、長い歴史のある郷土の伝統芸能の会津彼岸獅子の獅子頭に、会津地鶏の黒く長い尾羽が装飾として使われている。

銘柄鶏

- **伊達鶏**　体重：雄平均3,400g、雌平均2,800g。穀物主体の無薬の専用飼料を与えて丹精込めてじっくり育てた。肉質はジューシーで味わいがあり発売以来多くの人に愛され続けている。平飼いで飼養期間は平均75日。美味しさと品質を追求して、ヘビーロードアイランド系の雄にロードアイランドレッドとロードサセックスを交配した雌を掛け合わせて作出。

たまご

- **会津地鶏のたまご**　800年近く前から会津地方で飼われていた地鶏の血を受け継ぐ会津地鶏、本物の味とこだわりの卵。
- **米と大麦でつくったたまご**　食糧自給率向上のために国産の飼料米を配合、さらに、大麦とオレガノなどのハーブも加えて育てた美味しい卵。6個入り。アグリテクノが生産する。
- **伊達男たまご**　健康なニワトリを育み、健康なタマゴを生み出す「公園農場」。365日、安心で安全な、そして新鮮で美味しい卵を供給するアグリテクノが生産する。また、農場直送の新鮮鶏卵の加工販売、循環型対応として鶏糞肥料事業も展開している。

キビタキ（ヒタキ科） ヒタキは、鳴き声が火打石を打っているような"カッカッ"という音から"火焚き"となった。キビタキの雄は、胸、腰、喉の部分の羽がきれいな黄色である。英名は Narcissus Flycatcher で、水仙のような（に綺麗な）蝿を捕る鳥。Narcissus（ナルキッソス）は、ギリシャ神話の、「泉に映った自分（ナルキッソス）の姿に恋をして、かなわぬ恋にやせ細り死んでしまい水仙になった」という話に由来する。ナルシストの語源。

汁　物

汁物と地域の食文化

　福島県は、中央の奥羽山脈と東部の阿武隈高地によって、東から太平洋に面している地域の浜通り、冬に積雪が多く会津盆地も含む会津地方、浜通り地区と会津地区の中間で福島や郡山、白河などを含む中通り地区の3つの地域に分かれている。浜通りは温暖で太平洋に面しているので日頃の食べ物として魚介類に恵まれている。中通りは内陸の気候なので夏は暑く、冬は寒いが会津地域のように雪は多くない。果物、野菜、稲作に恵まれている。

　冬は雪が多く、ニシンの干物などが新潟から入ってくるなど、日本海側の食文化の影響を受けている部分がある。

　浜通りでは、夏から秋にかけては上りカツオや戻りカツオの料理には、粗を使った味噌仕立ての「粗汁」が作られた。サンマやイワシは、塩焼きや煮つけに飽きると、味噌仕立ての「つみれ汁」をつくった。会津や中通り地区の実だくさんの汁物「ざくざく」は、主として大晦日に作られる煮物に近い汁物である。会津地域の「納豆汁」は正月三が日の料理で、納豆・だし汁・豆腐・打ち豆、山菜を入れた汁物である。トウガラシを加えることにより体が温まる料理となっている。

汁物の種類と特色

　福島県のいわき市、相馬市など浜通り地方には、魚の汁物が多い。春から夏にかけては黒潮にのって三陸方面へ回遊する上りカツオ、夏の終わりから秋にかけては産卵のために黒潮にのって南の海洋へ向かう戻りカツオが回遊するので、夏から秋にかけては、味噌仕立ての「カツオの粗汁」を食べる機会は多い。

　北海道沖で、プランクトンを餌にして育ったサンマは、秋には福島・北茨城の沖合を南の海域へと回遊する。産卵前なので、体の脂肪含有量は

　凡例　1世帯当たりの食塩・醤油・味噌購入量の出所は、総理府発行の2012年度「家計調査」とその20年前の1992年度の「家計調査」による

20％前後となる。この脂肪含有量の多いサンマを漁獲し、サンマの身肉（食べやすい大きさにぶつ切りしたもの）とタマネギやその他の野菜とともに味噌仕立てにして煮たものが、寒い日の漁師の家の「サンマ鍋」である。

　かつては、晩秋から冬の期間は、魚の行商人が、一軒一軒立ち寄り行商し、大勢の家族のいるところでは、1尾まるごとのアンコウを吊るし切りをして、食べやすいように調えて行ったものであった。吊るし切りをした家の台所にはアンコウの頭と背骨だけがぶら下がっていた。浜通りのアンコウ鍋は味噌仕立ての「どぶ汁」といい、アンコウの肝臓は、鍋の汁に溶かす料理である。

　相馬市地方のモクズガニを臼で潰して味噌と混ぜたものを使った味噌汁の「がにまき汁」には、豆腐、ネギも入れる。相馬地方ではサケの身肉とサトイモ、ニンジンと一緒に、味噌仕立てで煮たものに「紅葉汁」がある。かつては、サケは茨城県の那珂川でも遡上したといわれる。中通りから会津地方にかけては、魚介類の干物を使った「こづゆ」という汁物がある。ダイコン、コンニャク、サトイモ、ニンジンなどをざくざく切って使う「ざくざく」という汁もある。「納豆汁」もある。クジラの脂肪層（ブラバー）の塩漬けと野菜、山菜、豆腐などで作る、塩味の「くじら汁」がある。

食塩・醤油・味噌の特徴

❶食塩の特徴

　かつては、小名浜や勿来、四ツ倉などの海浜地区では、海水の汲み取りが容易なので、製塩所があった。現在も、旧日本専売公社の流れで小規模な製塩工場があり、「いわきの塩」「めひかり塩チョコ」などがある。

❷醤油・味噌の特徴

　同一の醸造会社で醤油・味噌も製造している。1861（文久元）年創業の店もある。現在は、醤油も味噌も国産大豆を原料としている。味噌は長期熟成の赤色系の味噌が多い。

1992年度・2012年度の食塩・醤油・味噌の購入量

▼福島市の1世帯当たり食塩・醤油・味噌購入量（1992年度・2012年度）

年度	食塩（g）	醤油（mℓ）	味噌（g）
1992	3,880	12,602	9,606
2012	1,652	7,486	8,682

▼上記の1992年度購入量に対する2012年度購入量の割合（%）

食塩	醤油	味噌
42.6	59.4	90.4

　1992年度と2012年度の食塩・醤油・味噌の購入量を比較すると、食塩、醤油については1992年度は2012年度に比べると、食塩で42.6％、醤油で59.4％と非常に少なくなっている。このことは、児童や生徒に対する「食育」の効果の表れと思われる。

　また、野菜の塩漬け、魚のみりん干しなどの製造量が減少したことによると推測できる。

　一方、1992年度の味噌の購入量に対する2012年度の味噌の購入量の割合は、90.4％と高い。このことは、毎日、味噌汁を作る家庭は、第二次世界大戦前も戦後も変わらず多いということを示している。

地域の主な食材と汁物

　浜通りの沖合は黒潮も親潮も海流しているので、季節の魚介類に恵まれていたが、2011（平成23）年3月11日の東日本大震災による東京電力の福島原子力発電所の爆発により、放射性物質が飛散し、発電所の近辺だけでなく、福島県の中通り、会津地方までも被害を受け、いまだ浜通りの港に水揚げされる魚介類に対しては不安を抱く消費者が多い。中通りは果物類や野菜類の栽培に力を入れ、会津地方はソバやコメの生産に力を入れている。畜産関係では「福島牛」「会津地鶏」などの地域ブランド物をつくりだしているが、東京電力の福島原子力発電所の事故による風評被害の影響はまだ続いている。

主な食材

❶伝統野菜・地野菜

　源吾ネギ、五葉まめ・においまめ、大豆モヤシ、雪中アサツキ、信夫冬菜、真渡うり、キュウリ、トマト、アスパラガス、アザキダイコン、会津カボチャ、会津丸ナス、アザミゴボウ、慶徳タマネギ、阿久津ネギ（阿久津曲りねぎ）、荒久田茎立（会津早生茎立）、舘岩カブ

❷主な水揚げ魚介類

　サンマ、カツオ、コウナゴ、メヒカリ、アンコウ、ヤナギカレイ、ウニ

❸食肉類

　福島牛、会津地鶏、ふくしま赤しゃも

主な汁物と材料（具材）

汁　物	野菜類	粉物、豆類	魚介類、その他
さんまの つみれ汁	ダイコン、ハクサイ、ゴボウ、ニンジン、ネギ	片栗粉、豆腐	コンニャク、サンマのすり身、味噌
紅葉汁	ダイコン、ニンジン、サトイモ、ネギ		コンニャク、サケの身肉と粗味噌仕立て
さんま鍋	タマネギ		サンマ、コンニャク、味噌
アンコウの どぶ汁	ダイコン		アンコウの7つ道具、味噌
カツオの粗汁	タマネギ	豆腐	カツオの粗、味噌仕立て
はちはい汁	ニンジン、サトイモ	片栗粉、豆腐、油揚げ、豆麩	コンニャク、醤油仕立て
のっぺい汁と 押立ゴボウ	ゴボウ、サトイモ、ニンジン、ダイコン	片栗粉、凍み豆腐	鶏肉、砂糖、醤油仕立て
じゅうねん 冷やたれ	じゅうねん、青ジソ		砂糖、味噌
納豆汁	ダイコン、ウドの塩漬け、芋柄、ネギ	打ち豆、納豆、豆腐	だし汁、味噌
ざるごし （かにまきじる）	三つ葉	豆腐	味噌、ダシ汁、モズクガニ

ざくざく	ダイコン、サトイモ、ゴボウ、ニンジン	打ち豆	田作り、コンニャク醤油仕立て
こづゆ	キクラゲ、サトイモ、ニンジン、インゲン、ギンナン	豆麩	糸コンニャク、貝柱、醤油仕立て
鯨汁	ジャガイモ、ダイコン、ダイコンの葉、ネギ		塩鯨、だし汁、味噌仕立て

郷土料理としての主な汁物

　福島県の太平洋に面した浜通り地区には、商業交易も兼ねる小名浜港やその他の海岸線にある漁港に水揚げされる魚介類を中心とした郷土料理があり、新潟県や山形県に近い会津地域の郷土料理には、新潟から運ばれる魚介類の加工品や山菜を使ったものが多い。一方、経済都市として発達した郡山市や福島市を中心とする中通り地区は、海からは遠く、山寄りの地域なので農業や畜産農家の生み出した郷土料理が多い。

- こづゆ　会津地方の海産物を使った煮物。江戸時代後期から明治時代初期にかけて会津藩の武家料理や庶民のご馳走として広まった郷土料理である。現在では、正月や冠婚葬祭のような行事食として作られている。ホタテガイの貝柱のだし汁に豆麩、ギンナン、里芋、ニンジン、しらたき、シイタケ、キクラゲ、インゲンの他にだし汁をとった後に残る貝柱をほぐしたものを加えて煮込み、日本酒、醤油で味を調える。

- 紅葉汁　秋の紅葉の頃に、サケの身肉を除いた粗を、ダイコン、サトイモ、ニンジン、ネギ、コンニャクなどとともにじっくり煮込み、味噌仕立てにする汁物。北海道の石狩鍋に似ている。煮込むことにより、サケの紅色（アスタキサンチンというカロテノイド系の色素）がほんのりと出てくるので「紅葉汁」とよんでいる。浜通りの浪江地域の郷土料理である。かつては、諸戸川地域はサケ漁が盛んであった頃には、紅葉汁は各家庭で作った。

- さんまのつみれ汁　秋には浜通りの漁港は、サンマの水揚げで賑わう。漁師の家ばかりでなく、一般家庭でもサンマのすり身をつくり、味噌仕立てのすり身汁を食する。最近は、漁師の多い町でもいろいろな食品を買うことができるためか、サンマが大量に水揚げされたからといってす

り身汁を作るという家庭は減った。

- **鯨汁** 会津地方の郷土料理で、塩漬けした皮つきクジラの脂肪層を短冊に切って、湯通しして塩抜きをし、野菜や山菜、豆腐、コンニャクなどとともに煮込み、味噌仕立てで食する。太平洋に面する浜通り地区にはクジラの捕鯨基地はなく、また、新鮮なカツオやサンマ、イワシなどを含め、四季折々、多種多様で新鮮な魚介類が水揚げされるので、クジラを食べる習慣はない。会津地方の鯨汁の原料となる塩クジラは、新潟方面の習慣を取り入れた郷土料理である。日本海側の農漁村では、秋の収穫の祝いに鯨汁を作るが、日本海側の郷土料理の影響を受けた会津地方の鯨汁と思われる。

- **ざくざく** 会津から中通り地区の郷土料理で、赤飯と一緒に供する実だくさんの汁物。「ざくざく」の名の由来は、具材をざくざく切るために、黄金もざくざく溜まるように願って作る郷土料理である。この料理は、主に大晦日に作られる。11月25日の「恵比寿講」、2月4日の「初午」のほか、婚礼や秋祭りに、家内安全、商売繁盛を願って作る。ダイコン、サトイモ、ゴボウ、ニンジンなどの野菜類、大豆か打ち豆、コンニャク、干しイワシ、昆布などをじっくり煮込んだ醤油仕立ての汁である。

- **ざるごし** 双葉郡や相馬市に古くから伝わる早春の郷土料理。夏井川の河口で獲れる小形のカニを、ダシをとるザルに入れて潰し、殻を除き、すり流し風にしたもの。カニの身をザルで濾すことから「ざるごし」の呼び名がある。ザルで濾してできたカニのすり身、豆腐を入れた味噌仕立ての汁物である。

- **じゅうねん冷やたれ** 中通りの郷土料理で、エゴマ（「じゅうねん」とよんでいる）を炒って、すり鉢で油の出るまですりこれに味噌・酒・砂糖・紫蘇の葉のみじん切りを加えて、食べる時に冷たいだし汁を加える。エゴマを使うことで健康によい多価不飽和脂肪酸を含む脂肪を摂取できる料理である。

- **納豆汁** 納豆汁は、東北地方、関東地方に多い郷土料理である。天保時代から大正中期までは、喜多方・津川街道の宿では、泊まり客にはこの納豆汁を提供していたと伝えられている。仏様に生臭い料理をあげられない正月三が日は、納豆、豆腐、打ち豆、納豆汁などの豆料理を用意した。納豆の他の納豆汁に加える材料は、ダイコン、豆腐、キノコ、山菜、

サトイモ、芋柄などがある。だし汁で納豆の他の具材を煮込み、熱々の汁の中に擦り潰した納豆を入れ、薬味を加えて食する。熱いので、寒い冬に食べる郷土料理として発達した。

- **のっぺい汁と押し立てゴボウ**　汁が粘っていることから「濃餅」の字をあて、「ぬっぺい」が訛って「のっぺい」という説がある。寺院中心の料理だったが、次第に民間にも広がった。中通り地方では、かつては婚礼料理の祝儀の最後に坪椀に盛って供する汁物であった。押し立てゴボウは、中通りの本宮地区の風習で、祝儀の「のっぺい汁」の後に、茹でて和がらしを付けたゴボウを立てる。「のっぺい汁」は、いろいろな野菜、鶏肉、豆腐、コンニャクなどをかつお節のだし汁で煮込み、最後に醤油で味を付け、かたくり粉でとろみをつけた汁物である。具材には多少の違いはあるが、各地にある郷土料理である。

- **はちはい汁**　調味料を含めて8種類の食材を使うことからという説、美味しいので8杯も食べてしまうという意味から「はちはい汁」の名付けられたとの2つの説がある。浜通りのいわき市の豊間地区では「はちへい汁」とよんでいる。豆腐、油揚げ、豆麩の他に、ダイコンなどの野菜類を賽の目に切り、だし汁で煮込み、醤油で味を調え、水溶き片栗粉でとろみをつけて汁椀に盛る。

伝統調味料

地域の特性

▼福島市の1世帯当たりの調味料の購入量の変化

年　度	食塩 (g)	醤油 (ml)	味噌 (g)	酢 (ml)
1988	5,703	19,124	15,764	1,867
2000	3,645	9,228	8,090	2,576
2010	4,172	5,251	7,275	1,877

　福島県は、太平洋に面した「浜通り」、山間部の「会津地方」、その間の東北新幹線（東北本線も含む）沿いの地域の「中通り」の3つの地域に分かれ、各地域にそれぞれの食文化に特徴ある。福島市は、中通りに位置し、海には面しないで内陸型の気候を示している。

　浜道り地域は、太平洋に面し、漁港は多く、日常の食事においては魚料理が提供されるのは当然であった。ところが、中通りの中ほどに位置する東京電力・福島第一原子力発電所は、平成23（2111）年3月11日の東日本大震災に伴う津波により壊滅状態となり放射性物質が大気に放散し、海洋に流出したために、近海魚が放射性物質により汚染されて、流通ができなくなっている。また、大気に放散された放射性物質は田畑の農作物を汚染し、一時、農作物は流通できない状態であった。

　古くから、中通りに位置する飯坂温泉の湯治客に提供したという「アユ味噌」は、蒸し焼きしたアユに、木の芽や山菜を練り混ぜて味噌を塗って提供したといわれている。調味料としての味噌の利用方法である。海産物に恵まれない冬の漬物として山間部の人々が考えた「従兄弟漬け（いとこづけ）」は、スルメ（イカの素干し品）と数の子を、麹・醤油・みりんで漬け込んだものである。スルメと数の子の食材からの「従兄弟」というネーミングの意味がわからない。

　魚料理の味付けには、味噌を使う場合が多い。味噌を使うことにより魚

臭みが緩和できるし、体も温まる料理となる。昔は、茨城県の河川までサケは近寄ってきた。現在は、福島県の浜通りの河川に近寄るのは珍しくなっている。サケが浜通りの沿岸や河川で漁獲できた頃は、サケの切り身・ニンジン・サトイモ・豆腐・ネギ・油揚げを入れて味噌仕立ての汁物である。この地域は「アンコウ料理」が有名である。アンコウ料理の代表であるアンコウ鍋は、割り下でなく、味噌を汁に溶かした「どぶ汁」とする。また、茹でた肝臓に味噌、砂糖、酢を加えて擂る「肝和え」がある。アンコウ料理は、一般には割り下や醤油で味付けるものが多いが、福島県の浜通り地区は味噌で味付けることが多い。

中通りに位置する喜多方市内には、100軒以上のラーメン屋がある。喜多方ラーメンの特徴は、豚骨と煮干しでとっただしで調製したさっぱりしたスープである。ラーメンのスープは各地で特有の味を持っている中で、喜多方ラーメンのスープは煮干しのイノシン酸のうま味に豚骨の脂肪とゼラチンの調和がとれている。

知っておきたい郷土の調味料

醤油・味噌

- **福島県の醤油・味噌の特徴**　福島県内の醤油・味噌の醸造会社の中には、文久元（1861）年創業の内池醸造㈱という老舗がある。その他の醸造会社も創業以来100年、200年と長い社歴をもつ醤油・醸造会社がある。現在、福島県の醸造食品工業協同組合に所属している会社は25社である。この組合の中に開発担当者も常駐し、常に品質の改善・向上・新感覚商品の開発に励んでいる。

  ほとんどの会社は、原料の大豆は国産品を使用している。手作り製法で、昔ながらの醤油本来のうま味のもつ醤油づくりを目指している。醤油の元の形の「ひしお」も販売している会社もある。麹の販売も兼ねている会社もある。

  ほとんどの醸造会社の味噌は、米味噌・麦味噌・豆味噌であり、それぞれの会社が商品にこだわりのナーミングをつけている。また、三五八（さごはち）漬け用の漬床を製造している会社もある。
- **会津味噌**　長期熟成の赤色系の辛口味噌。

- **喜多方ラーメンと味噌**　福島県の喜多方には「喜多方ラーメン」の店が100軒以上もあり、朝早くから営業している。昔風の中華ソバの伝統を守りながらスープは重い喉越しがある。それでも味噌ラーメンを要望する客もいるのか、ラーメン用の味噌には、芥子味噌ラーメン、ユズ味噌ラーメンの専用の味噌もある。さらに、愛知県で人気の味噌煮込みうどん用の味噌も販売されている。

食塩

- **「いわきの塩」**　かつていわき市の海岸（いわき七浜）は、自家製塩が盛んであり、旧日本専売公社の製塩工場もあった。最近は、旭ソルト㈱（新日本ソルト㈱系列）、マルキョウアネット㈱いわき工場、ジャパンそると㈱福島支店、新日本ソルト㈱などがある。いわき市の中之作港は、江戸時代に阿波国（現在の徳島県）の斎田塩の荷揚げ港であった。その流れで、第二次世界大戦後自家製塩の盛んな地域として発展したといわれている。

  食塩の販売店・丸八商店の「いわきの塩」は、小名浜の新日本ソルト系列の旭ソルトから食塩を譲ってもらい、「いわきの塩」のブランドで販売しているものである。

- **めひかり塩チョコ**　メヒカリはいわきの沖合いの底魚として知られている。かつては、飼料や肥料にした魚であったが、漁業資源の開発に伴い、いわき市の魚として売り出すようになった。この魚は、黒潮と親潮の交叉する「塩目」の海底で漁獲されることから「メヒカリ」という名があるらしい。「めひかり塩チョコ」は、塩でも魚でもなく、チョコレート菓子である。手作りの塩伽羅メールをチョコレートでコーティングし、塩をまぶしたもの。塩は粒の大きい「いわきの塩」を使っているのが特徴。

万能調味料・漬物

- **南蛮麹漬け**　麹と赤トウガラシを醤油と砂糖で漬け、味噌のようにコクのある調味料に仕上げたもの。肉と野菜の炒め物、鍋の薬味などに使われる（おいち茶屋製）。
- **じゅねん味噌**　味噌・砂糖・じゅねん（エゴマ）・味醂・酒などを混ぜ

て練り、熟成させたもの。大内宿の土産として人気（会津・いちます醸造製）。ゴマ味噌、餅のタレ、焼きナス、ふろふきダイコンのタレ、お握りの味噌など。

郷土料理と調味料

- **鮎味噌** 蒸し焼きにした鮎に、木の芽などの山菜を練り合わせてつくる。ヤマトタケルノミコトが、飯坂温泉（鯖湖湯という説もある）で傷の治療をしていたときに、食膳に供された一品といわれている。
- **紅葉汁（こうようじる）** 9月から12月までのサケ漁の時期に、ニンジン・サトイモ・豆腐・ネギ・油揚げなどを入れた味噌仕立ての鍋。からだの温まる鍋として人気。

発　酵

会津城と日本酒

◆地域の特色

　面積は北海道、岩手県に次ぐ全国3位で、人口は、東北地方において宮城県に次ぐ2番目である。県内は南北方向に延びる山脈、山地によって東から順に、浜通り、中通り、会津の三つの地域に分けられている。浜通りという名称は陸前浜街道が、中通りという名称は中山道が通っていたことに由来する。浜通りは暖流の黒潮の影響により、冬は暖かく夏は涼しい顕著な海洋性気候である。降雪も東北では最も少ない。中通りは、基本的に内陸性気候の特徴が混じった太平洋側気候である。会津は日本海側気候となり、全域が豪雪地帯に属する。地形的に山地で隔てられているために、山越えした地域同士の交流は少なく、気候や文化にも差があり、同一県にありながらお互いの帰属意識は低い。

　主要農産物には福島盆地のモモ、ナシ、いわき市のイチゴ、イチジク、会津盆地や郡山盆地を中心とした水稲、キュウリなどの野菜類がある。主要水産物としては、カツオ（いわき市）、ホッキ貝（相馬市）、アサリ（相馬市）、ノリ（相馬市）、サケ（浪江町）、ニジマス（県内各所）、養殖コイ（郡山市）などがある。

◆発酵の歴史と文化

　福島県では、さまざまな特徴をもつ日本酒が造られている。なかでも、会津地方には酒蔵が多く、全国的に知名度の高い銘柄も多い。しかしながら、東北地方でも秋田県や山形県に比べて、品質では劣っていると思われていた。

　広島県にある酒類総合研究所で、毎年開催されている日本酒のコンテストがある。その歴史は古く、第1回の鑑評会が東京の醸造試験所（酒類総合研究所の前身）で開催されたのが1911（明治44）年であるので、すでに100年を超えており、本鑑評会で金賞に入るのは約200蔵と狭き門である。

2019（令和元）年の鑑評会では全国から857点の出品があり、金賞は237点だった。そのうち、福島県は金賞に22の蔵が選ばれ、秋田県、兵庫県、新潟県などの酒どころを押さえて、金賞蔵数は都道府県別で最多であった。これは、2013（平成25）年から7年連続で「日本一」という快挙を達成したことになり、福島県の日本酒の品質の高さが実証されることとなった。

◆**主な発酵食品**

醤油　　醤油造りは大豆と小麦で麹を造ることから始まる。その麹で醪を仕込み、半年熟成させて搾ったものが生揚げという醤油の原液になる。手間がかかり高い技術を必要とする生揚げだが、協業化により生産の効率化をはかる取り組みが、全国で初めて福島県で1964（昭和39）年にスタートした。その後、この協業化は「福島方式」として全国各地に広まった。丸大豆や濃口など、生揚げにもさまざまな種類があり、福島県ではタイプ別に数種類を用意し、それらを組み合わせることで各蔵元独自の味を造り出している。数は多くはないが、手造りの醤油を造っている蔵もある。
　山形屋商店（相馬市）、鈴木醤油店（岩瀬郡）、玉鈴醤油（伊達市）などで、さまざまな醤油が造られている。

味噌　　会津味噌は米味噌であり、色は赤系、そして味は辛口である。近年は、大豆と同量の米で仕込んだ米麹たっぷりのまろやかな中辛口なども好まれる。会津天宝醸造（会津若松市）、糀和田屋（本宮市）、やまさ味噌こうじ店（西白河郡）、内池醸造（福島市）などで造られている。

日本酒　　福島県は浜通り、中通り、会津の3地方があり、個性的な気候風土に溢れた大自然の恵みを受けて、さまざまな酒が造られている。なかでも、会津地方を中心として酒蔵が多く、全国的に知名度の高い酒蔵も多い。福島ブランドの酒造好適米「夢の香」と「うつくしま夢酵母」との誕生により、独自の日本酒の開発も進められている。東日本大震災後の2013（平成25）年から連続で全国新酒鑑評会の都道府県別金賞1位を獲得するなど、高品質の酒を生み出している県でもある。
　1752（宝暦2）年創業で全量を生酛仕込みを行っている大七酒造（二本松市）、1711（正徳元）年創業で全量、自然米の純米酒を造る仁井田本家（郡山市）、1790（寛政2）年創業で伝統の純米甘口酒であるカスモチ原酒を造る大和川酒造店（喜多方市）、土産土法で醸す高橋庄作酒造店（会津若松市）

などのほか、金水晶酒造店（福島市）、人気酒造（二本松市）、大木代吉本店（西白河郡）、夢心酒造（喜多方市）、ほまれ酒造（喜多方市）、宮泉銘醸（会津若松市）、榮川酒造（耶麻郡）、大木代吉本店（西白河郡）、廣木酒造本店（河沼郡）、花泉酒造（南会津郡）、曙酒造（河沼郡）、松崎酒造店（岩瀬郡）、豊国酒造（河沼郡）、会津酒造（南会津郡）など約60の蔵で特徴のある日本酒が造られている。

ワイン　　ふくしま逢瀬ワイナリー（郡山市）、ふくしま農家の夢ワイン（二本松市）、ホンダワイナリー（耶麻郡）などで造られている。

ビール　　1979（昭和54）年に製造を始めたアサヒビール福島工場（本宮市）のほか、クラフトビールとしては、県産米の「ひとめぼれ」と「うつくしま夢酵母」を使用したビールを造る福島路ビール（福島市）などがある。

ウイスキー　　笹の川酒造安積蒸留所（郡山市）は、東北ではニッカウヰスキーに続き製造免許を取得し、1946（昭和21）年から地ウイスキーを生産している。

蜂蜜酒「ミード」　　会津の標高600〜800mの山中に自生するトチノキの花の蜂蜜を使った蜂蜜酒が峰の雪酒造場（喜多方市）と奥の松酒造（二本松市）で造られている。

甘酒　　宝来屋本店（郡山市）、糀和田屋（本宮市）、会津天宝醸造（会津若松市）、榮川酒造（耶麻郡）などでさまざまな甘酒が造られている。

三五八漬け　　会津若松などで作られる麹で漬けた漬物であり、名前は、漬床に塩、米麹、米をそれぞれ容量で3対5対8の割合で使うことに由来する。塩、米麹、米を混ぜ、1週間ほど熟成させたものに、野菜、するめ、数の子などを漬ける。もち米はご飯の硬さに炊き、野菜はあらかじめ材料の薄塩で2日間漬けたものを本漬けにする。

紅葉漬け　　サケの切り身に米麹、塩を混ぜ漬け込んだ伊達地方の保存食である。

ニシンの山椒漬け　　身欠きニシンをサンショウや醤油などの調味液に漬け込んだ会津地方の保存食で、昔は各家庭に「ニシン鉢」があったといわれる。

味噌パン　　しっとりとした食感に味噌の甘さが口の中に広がるパンで、福島市は蒸しパンタイプの味噌パン発祥地である。

◆発酵食品を使った郷土料理など

しんごろう　南会津郡南会津町などに伝わる郷土料理で、うるち米を半つきにして団子状にしたものを竹串に刺し、甘めの味噌にすり潰したエゴマを混ぜ合わせたじゅうねん味噌を塗り、炭火で焼いたものである。福島地方では、エゴマのことを「じゅうねん」と呼び、食べることで10年長生きできるといういわれがある。

うに味噌　いわき小名浜に伝わる漁師料理で、ウニを蒸し、卵白、味噌と混ぜ炒めた保存食である。

鯉のうま煮　郡山市は江戸時代の溜め池に由来するコイの養殖が盛んで、質のよいコイが養殖されている。うろこと胃ぶくろを取ったコイの切り身に、日本酒とみりんなどの調味料の合わせが煮立ったところへコイを入れ、落としぶたをして、とろ火でじっくりと煮詰めて作られる。

鯉のあらい　新鮮なコイを薄くそぎ切りにして、氷水で締めたものを、酢味噌で食べる。郡山市などの郷土料理である。

こづゆ　内陸の会津地方でも入手が可能な海産物の乾物を素材とした汁物である。乾物のホタテの貝柱を水で戻し、サトイモ、ニンジン、しらたき、シイタケ、キクラゲ、ギンナン、豆麩などを加えて日本酒、醤油で味を調える。

味噌かんぷら　小さいジャガイモ（かんぷら）を皮付きのまま多めの油で炒めて火を通し、味噌と砂糖を加えてから味が染みるまで煮詰める。

キャベツ餅　郡山市西部の郷土料理で、油で炒めたキャベツを、醤油やみりん、だしなどを入れて煮込み、餅を入れて絡めたものである。

サンマのみりん干し　開いたサンマの身をみりんダレに浸し白ごまを振りかけ干物にしたものであり、いわき市で古くから作られている。

◆特色のある発酵文化

風とロック芋煮会　2009（平成21）年に郡山市で第1回が開催された。毎年9月に、猪苗代湖などで開催されている。ライ

ブ音楽と合体したユニークな芋煮会である。

サマーフェスタ IN KORIYAMA 1995（平成7）年から毎年7月に郡
山市の開成山公園で開催されている
オクトーバーフェスト形式のイベントで、「ビール祭」とも呼ばれている。

◆発酵関連の博物館・美術館

会津酒造歴史館（会津若松市） 鶴ヶ城のほど近くにあり、宮泉銘醸
で酒造りに使用していた道具、さまざ
まな酒器などが展示されている。

大和川酒造北方風土館（喜多方市） 江戸時代に建てられた蔵の中に、
昔の酒造りに使用したさまざまな
道具（桶、酒舟、瓶など）が展示されている。

◆発酵関連の研究をしている大学・研究所

福島大学農学群食農学類 2019（平成31）年に設置された新しい学科
であるが、発酵食品がもつさまざまな機能性
成分の研究などが行われている。

福島県ハイテクプラザ 新しい清酒酵母の育種やそれを用いた製造技
術の開発を行っている。

和菓子 / 郷土菓子

会津駄菓子

地域の特性

　東北地方の玄関口にあり、県域は北海道、岩手に次ぐ広さで第3位。県内は3つに分かれ、太平洋側のいわき市を中心とした「浜通り」。夏は涼しく冬は暖かい。「中通り」は福島市や郡山市地方で、空っ風が強く寒い。福島市の一部は豪雪地帯である。「会津」は山に囲まれ降雪量も多く、寒さは厳しい。気候風土の違う3つの地域は、それぞれ3つの顔を持っている。

　江戸期の県内には、5街道の1つ「奥州街道（奥州道中）」が通り、日本橋から蝦夷地の箱（函）館を結んでいた。宿場は二十数宿あり、白河、須賀川、郡山は良く知られ参勤交代の大名行列や旅人で賑わい、旅人相手の茶店や土産菓子が発達した。1852（嘉永5）年創業の柏屋本店の薄皮饅頭は、最初郡山・本陣近くの善導寺参道の門前茶屋で売られていた。皮が薄く漉し餡入りの上品な饅頭は、たちまち評判となり、旅人が遠回りしても食べたいという人気であった。須賀川は古くから駄菓子の本場で、「半兵衛おこし」とよばれた固い菓子「かみしめ」は、旅人の携帯食とされていた。

　こうした歴史など一掃した東日本大震災。福島県はさらに「原発」という大きな問題も抱えることになってしまった。かつて3地域バラバラだった県民性も、今や一体となって復興に取り組んでいる。

地域の歴史・文化とお菓子

会津の南蛮文化とお菓子

①「レオ」は蒲生氏郷の洗礼名

　白虎隊の会津と南蛮文化。なかなか合致しないが、豊臣秀吉の統治時代42万石で会津藩主となった蒲生氏郷。「レオ氏郷」という洗礼名をもつキ

リシタン大名で、会津に数々の功績を残している。

　会津若松は古く「黒川」と称されていたが、故郷近江国蒲生郡の若松の森に因んで改名し、城も７層の天守閣とし「鶴ヶ城」と改め、町づくり、酒造り、漆器、蝋燭など今日の地場産業を発達させた。戊辰戦争まで城内にあった「泰西王侯騎馬図」（神戸市立博物館）は、洋画の技法で描かれた世界の将軍たちの屏風図で、布教活動に使われたとされ、城下には教会が建ち宣教師や切支丹たちが住んでいた。

②豪商・足立仁十郎の役割

　漢方薬の原料となった会津人参は、長崎から中国への貿易品で、それを仕切っていたのが豪商足立仁十郎であった。彼は２年に一度の割合で会津を訪れ、南蛮文化をもたらしたという。

　会津の旧家に残る料理書には「カステラ卵」が記されている。1838（天保９）年の幕府巡見使供応献立にも「カステラ玉子」が登場する。南蛮菓子か料理か謎めいているが、お節料理の「伊達巻」のようなものであった。

③かすてあん「会津葵」

　現在の上菓子司会津葵は、江戸時代藩の茶問屋として創業した。会津の南蛮文化や絶えていた南蛮菓子にスポットを当て〝カステラ玉子〟を土台に洋風和菓子「会津葵」を誕生させた。餡ときめ細かなカステラ生地が見事にマッチしている。菓銘は９代続いた松平家の葵紋に因み、押し文様は藩公の文庫印「会津秘府」を写していた。

行事とお菓子

①正月の歯固め

　会津地方では正月三が日に「歯が丈夫になるように」と、干し柿、勝栗、木の実、飴を食べる。県下の他の地方でも正月は若水で湯を沸かし神仏にお供えし、干し柿、甘栗、干し芋を食べて湯を飲む。この時会津はみしらず柿、中通りはあんぽ（蜂屋）柿、相馬地方は信濃柿の干し柿を食べる。歯固めの物は昔のお菓子であり、干し柿生産の盛んな福島県下では、砂糖が貴重だった時代、自然の甘さの干し柿は、おやつとして得難いものであった。

②団子挿しの「楢団子」

　団子挿しは１月14日に山から採って来たミズキの枝に、団子をたわわ

に挿して豊作を予祝する行事で、只見町周辺では楢の木を選んで挿す。昔、飢饉のとき楢の木だけがたくさんの実をつけ、これを食べて飢えを凌いだ。それ以後楢の木に感謝して団子を挿したという。団子は、あられにして煎って食べる。

③雛まつりの「いらご餅」

　いわきや相馬地方では、「いらご餅」といって餡入りの丸い白餅の上に、赤や青、黄に染めて蒸したもち米をのせて供える。子孫繁栄に根付きの浅葱を供える地域もある。

④春彼岸の天ぷら饅頭

　揚げ饅頭は会津の郷土料理としても知られる。喜多方地方では彼岸中の仏様のご馳走に、饅頭に衣をつけて油で揚げる天ぷら饅頭を、煮物やおはぎと一緒に供える。県下では干し柿の天ぷらもあり、秋から冬の物日（祝祭日）に作られる。

⑤五月節供のつの巻、ひし巻き

　つの巻は餡入りのヨモギの草団子を枕型に包んだ笹団子。ひし巻はもち米を三角にしたササの葉に包んで茹でたもので黄な粉で食べる。山ゴボウの葉を入れた笹団子もある。

⑥お月見の「ぬただんご」

　旧暦の８月15日は豆名月。喜多方では青豆を茹でてつぶしてぬた（じんだ）にし、まぶして供える。

⑦九月節供の「柿のり」と「しんごろう」

　旧暦９月９日の重陽の節供には、浜通り地方で「柿のり」を作る。米の粉に干し柿を細かくさいて混ぜ、水を加えて練った物で、そのままおやつに食べるが、９月節供には氏神様にお神酒、お煮菓子（煮しめを・煮菓子という）とともにお供えする。会津田島地方では新米で「しんごろう」を作る。半搗きにしたご飯を丸め串に刺し、エゴマの甘味噌を塗って焼く。

知っておきたい郷土のお菓子

● **小法師**（会津若松市）　正月の初市に売られる起き上がり小法師に因んだ「会津葵」の縁起菓子。小豆餡、白小豆黄身餡で作られた愛らしい菓子で、この小法師は蒲生氏郷が義父信長のダルマ信仰に倣い広めたという。

- **会津駄菓子**（会津若松市）　幕末創業の本家長門屋。藩主から庶民の菓子を依頼され、身近な材料で握りおこし、あんこ玉、だるま飴などを作っている。

- **五郎兵衛飴**（会津若松市）　創業800年という老舗の飴。もち米と麦芽と寒天で作る飴で、源義経一行が平泉落ちの際所望した代金の借証文が残る。

- **椿餅**（会津若松市）　東北に多い柚子の入らない胡桃ゆべしで、もち粉、小麦粉、砂糖、醤油などを練った蒸し物。伊勢屋は蒲生氏郷と伊勢より移った。

- **べろ煎餅**（喜多方市）　喜多方の名物。搗いた餅に黒糖、水飴を混ぜ込みちぎって牛の舌状に作り自然乾燥する。火に炙って家庭で楽しめる煎餅。

- **御豆糖**（喜多方市）　特産の大豆を一晩かけて戻し、黒蜜と黄な粉を何回もまぶし最後に寒梅粉と砂糖で化粧をする。喜多方・老舗鳴海屋の豆菓子。

- **花かつみ**（郡山市）　万葉の幻の花を想起した羊羹。奥の細道で芭蕉も探し歩いた花。大納言小豆の漉し餡と丹波栗の密煮を使っている。郡山三万石の菓子で、ままどおるは代表菓子。他に虎丸長者煎餅がある。

- **家伝ゆべし**（郡山市）　粳米に砂糖を混ぜて一昼夜ねかせ、搗いたゆべし生地に餡を包んで三方をつまみ蒸した物。郡山「かんのや」の名物菓子。

- **薄皮饅頭**（郡山市）　郡山・柏屋の土産菓子。小麦粉に黒糖を混ぜ込むので皮が茶色で文字どおり薄皮。粒と漉し2種の餡がある。隠れた名物ごんさい豆は、儒学者安積斎艮に因み砂糖と黄な粉をまぶした豆菓子。

- **二本松羊羹**（二本松市）　藩主丹羽氏自慢の羊羹で、楢の薪で餡を煉り上げた絶品羊羹。竹皮を剥ぐと昔風に砂糖で覆われている。玉羊羹もある。

- **南湖のそば団子**（白河市）　日本最初の公園とされる南湖の名物団子。白河藩主松平定信はソバの栽培を勧め、天明飢饉にも領民に死者を出さなかった。「湖畔亭」のそば団子は白河そばの歴史を伝えている。

- **烏羽玉**（白河市）　烏羽玉は黒の枕詞。作り方には2種あり、黒餡を寒天で覆ったもの、黒餡を求肥で包み砂糖をまぶしたものがある。白河・

玉家の物は後者で、越後からの伝播か白河藩主松平氏の移封との関係が考えられている。

- **くまたぱん**（須賀川市）　須賀川地方のおやつ菓子。黒糖入りのパン生地で漉し餡を包み焼き上げ、たっぷりの砂糖をまぶす。素朴さと郷愁の菓子。

- **かみしめ**（須賀川市）　1836（天保7）年創業の「かみしめや」の代表菓子。糯を使った堅い駄菓子を、この地方では総じて「かみしめ」といった。当店の初代の名が"半兵衛"といったところから「半兵衛おこし」ともよばれた。須賀川は奥州街道の宿場町で、かみしめは旅人の携行食であったようだ。作り方は蒸したもち米を煎り黒蜜でからめ、黄な粉と水飴を練った薄い皮で巻く。夏は水飴の味が落ちるといい、夏場は作らない。

- **あわまんじゅう**（柳津町）　柳津の虚空蔵さんで知られる圓蔵寺の名物饅頭。災難に遭わないといって粟を原料に作られたが、現在口当たりのよいもち米を使っている。半円形のこの饅頭は、古風な製法で、杯を使って中に餡を入れて包み、1つずつ丁寧に作られている。雪にすっぽり埋まる正月7日には、圓蔵寺で勇壮な「裸祭り」が行われる。

乾物 / 干物

立小山
凍み豆腐

地域特性

　東北地方南部の奥羽山脈阿武隈高原を背に、福島市を県庁所在地に持つ。信夫山をはじめ肥沃の大地を含むことから果樹園芸産業も多く発展しているが、いわき市、相馬市の沿岸付近は浜通り（太平洋側）と称し、松浦、小名浜、常磐沖は黒潮により多くの漁港に恵まれ、水産物が漁獲されている。県の中心地である福島市、郡山市、二本松市からなる一帯は中通りと呼ばれ、農業が盛んである。中でも、中央にまたがるフルーツラインは、リンゴ、ナシ、ブドウ、サクランボ、桃などの生産が盛んである。会津若松市、猪苗代、喜多方市は、山通り（会津地方）と呼ばれる。会津周辺の山々に囲まれた地域は、厳しい夏の暑さと冬の積雪が生む盆地独特の気候と、山々から流れる豊かな伏流水とによって、肥沃な大地に育った。

　良質の米、酒処としても栄え、鰊の山椒漬けやこづゆといった郷土料理が観光地の人気を支えている。

　このように福島県は大きく3つに分かれて呼ばれており、気候的にまったく違うだけでなく産業や文化などにも変化があり、故に産物も海産から果物、山菜まで多彩である。ちなみに、戊辰戦争時の会津藩は23万石で、仙台藩に次ぐ藩であった。

知っておきたい乾物 / 干物とその加工品

嫁小豆　白い班の入っている在来種。主に福島県相馬地方で栽培されている小豆である。

荏ごま　シソ科の1年草であるエゴマの実を乾燥させて煎ったものである。近年、健康志向の高まりから、リノール酸やオレイン酸を豊富に含むエゴマの種子を搾った荏油が注目されている。町おこしとして、福島県会津地方の山間地や長野県などで盛んに栽培されているが、まだ生産量は少なく、高単価であるため、将来に期待したいところである。

名前からして胡麻の仲間と思われがちであるが、胡麻ではなくシソの近縁である。韓国では焼肉に葉を巻いてよく食べる。

長野県や岐阜県多治見地方では種をすり潰し、「荏ごま味噌」として、五平餅などに塗って食べられている。

立子山凍み豆腐

福島市郊外の立子山の冬は寒さが厳しく、農閑期に農家の収入源として作られたのがきっかけで始まったといわれている。最盛期には60軒ほどの農家があったが、現在では7軒ほどに減少している。立子山凍み豆腐は、観光地の土産用として販売されている冬の風物詩である。豆腐を水切りして薄く切り、氷点下の夜に凍らせて稲わらで結び、軒先に吊るして乾燥させる。吾妻連峰からの風は乾燥しており、すべてが天然凍結・天然乾燥で作られている。機械乾燥より味がよく、なめらかな舌ざわりが人気である。

蕎麦「会津のかおり」

「会津のかおり」は、下郷町の在来種17品種から収集した系統で、やや小ぶりだが、粒張りがよく、収量性は高い。粉にして打ってみると、打ちやすく食味に優れている。この系統は「会津3号」と名付けられたが、2007（平成19）年度に「会津のかおり」と命名された。味、香りのよさは言うに及ばず、延ばしの割れが少なく、製麺しやすく、粒ぞろいがよく、「ルチン」が多く弾力もあることが評価されている。

会津裁ち蕎麦

「裁ち蕎麦」は、南会津、桧枝岐地方の山間部での主流派である。殻まで有効利用するため、挽きぐるみの黒い蕎麦粉を使用し、つなぎを使わずに延ばす。そのまま畳めば、折り目で生地が切れて短い蕎麦になってしまうが、この生地を畳まず数枚から十数枚重ねて包丁で裁つように切り、長い蕎麦に仕上げる。そのため、裁ち蕎麦と呼ばれている。

会津では一番粉を使い、つなぎは使わずに熱湯と水を使う「友つなぎ」と呼ばれる技法で、白くて腰があり、喉ごしのよい蕎麦が打たれている。

凍み餅

凍み餅は福島県相馬地方、葛尾村、三春などに昔から残る伝統食で、冬の寒さを利用した保存食である。餅米とうるち米にヨモギなどを加えてつき上げた餅を、一昼夜、外で凍らせた後、2か月近く自然乾燥する。長野県諏訪地方では餅米を水に浸けてから水ごと石臼でひき、煮てから容器に移して、固まったら切断した後、寒気にさらしてか

ら乾燥したものがあるが、長野県とは違い、わらで連なりの網にかけ屋外に下げる。固いので、水に浸けて戻してから汁粉にしたり、味噌汁に入れたりして食べる。なお、青森県では「シミ餅」は青海苔、胡麻を入れたものを作る。

青大豆　福島県郡山は通称中通り地区で主に作られている「青大豆」は、熟しても青い色をしている。これを黄粉にしたものは「うぐいす」黄粉とも呼ばれている。新潟県にもある。

　一般的な大豆は熟すと黄色か黒色になるが、青大豆は青いままである。大豆にもいろいろな品種がある。青大豆は黄色い大豆と違い、油分が少なく、糖分が多い。見た目は粒が大きく、風味豊かで甘みが強く、そして低脂肪でおいしいので、希少価値がある。山形県のだだちゃ豆、秋田県・宮城県の浸し豆などがあるが、栽培が難しいうえに病気にもかかりやすく、収穫も手作業で大変なことから、作付けが少ない。実がなる時期が早く、東北などで生産されているのが現状だ。

　青大豆は「ひたし豆」として多く食べられている。地方では数の子と合わせて「数の子豆」として調理する。数の子は子たくさんの、豆はまめまめしくの語呂合せで、めでたい料理として、おせちなどにも登場する。

Column

　2009（平成21）年度の福島県の蕎麦の作付け面積は3,190haで、北海道（14,900ha）、山形県（4,090ha）に次いで全国第3位の面積を誇る。地元での物量は確保されている。福島県の蕎麦の生産量は1,560tで、そのうち自家消費が254t（16％）、県内への供給が484t（31％）、県外への出荷は約半数となっている。

　蕎麦のイメージは信州が85％でダントツの一位、山形、越前、飛騨と続き、福島県は8位である。つまり「生産量は多いが、有名ではない」といえる。喜多方市の「山都」など蕎麦は在来を含めてたくさんある（農林水産省の統計より）。

Ⅲ

営みの文化編

伝統行事

相馬野馬追

地域の特性

　福島県は、東北地方の南部に位置する。古代は陸奥の国の入口にあたり、白河関より北は「みちのく」と呼ばれた。面積は、北海道・岩手についで全国3位である。中央の奥羽山脈と東部の阿武隈高地によって、東から浜通り・中通り・会津の3域に分かれる。浜通りは、夏涼しく、冬は比較的暖かく、積雪量は少ない。会津盆地は、夏は晴天が多く高温であるが、冬は豪雪地帯となる。中通りは、ちょうどその中間にあたる。

　江戸時代には、浜通り北部の相馬氏や会津藩の松平氏以外は小藩が分立し、頻繁に領地替えが行なわれた。それぞれの藩で養殖や製糸などの殖産興業が推進されたが、地勢・気候などの影響や、藩政期に分立・統治がなされた経緯から、県全体としてのまとまった文化が育ちにくく、地域ごとに特有の文化を醸成することになった。たとえば、会津弁をもって「土魂」をうたうがごとくにである。

　農業が盛んで、とくに近年は果樹栽培が発達した。裏磐梯を中心として観光産業も発達している。

　平成23（2011）年の東日本大震災では浜通りの被害が大きく、とくに原発事故の発生で復旧がままならないことは、記憶に新しい。

行事・祭礼と芸能の特色

　浜通り・中通り・会津と気候風土に違いが明らかなところで、行事・祭礼と芸能の伝承にも違いがみられる。たとえば、田植行事である。伝統的な「御田植」や「田植踊」は、中通りに多く伝わり、次に浜通りに伝わる。御田植は、一般に神社での予祝行事で、「御田植祭」とも呼ばれる祭礼である。田植えの所作ではあっても、模擬的であるそれを、身ぶり手ぶりを整えて芸能に発展させたのが、エブリとも呼ばれる田植踊である。

　田植行事は、各地に点在するが、もっとも濃厚な分布をみるのが中国山

地（とくに岡山県・広島県）と福島県である。そして、福島県下では、田植踊としての芸能化が顕著なのである。

　ほかに伝統的な民俗芸能としては、獅子舞と念仏踊が県下に分布する。

主な行事・祭礼・芸能

三春のだるま市

　三春（田村郡）の新春を彩る伝統行事で、1月16日に行なわれる。目抜き通りに張子の三春だるまを中心に、厄除けの掛けもの、縁起ものなどを売る露店約70軒が立ち並ぶ。

　一般にだるまは、眉毛が太く、目がギョロリと大きいのが特徴で、これは達磨大師の風貌を模したもの。また、足がないのは、その座禅姿を象徴しているといわれる。さらに、顔以外赤いのは、達磨大師が頭から赤い布をかぶっていたからといわれるが、日本においては古来赤色が邪気を払う色とされ、とくに疱瘡除けに使われたこととも無縁ではあるまい。

　だるまが庶民の信仰を集めるのは江戸時代以降のことで、縁起ものとしての普及もそのころからとみてよかろう。正月から春先にかけて各地でだるま市が開かれるが、三春のだるま市は、高崎（群馬県）のそれとともに有名である。

　三春だるまの特徴は、頭が平たく、赤みをおびた顔つきにある。胴体には宝珠（欲しいものはすべて思いのままに出せるといわれる玉）が描かれ、そのなかに「福」の字が記されている。小さいもので5～6センチ、大きなものは1メートル余りもある。

檜枝岐のまつりと歌舞伎

　檜枝岐（南会津郡）の農村歌舞伎は、江戸中期の寛政～文化年間（19世紀前後）のころから伝わる。5月12日の愛宕神の祭礼と8月18日の鎮守神の祭礼に、鎮守神境内にある舞台（舞殿）で奉納される。その舞殿は、昭和51（1976）年に国の重要有形文化財に指定されている。

　檜枝岐歌舞伎は、伊勢に参った村人が江戸で歌舞伎を観劇し、見よう見まねで習いおぼえて村に伝えたのがはじまり、といわれる。役者はすべて農民で「千葉之家花駒座」を構成。その素人ばなれした見事な演技は、「冬の黒森・夏の檜枝岐」と評されるほどで、山形県の黒森歌舞伎と並んで東北二大農村歌舞伎として広く知られる。なお、檜枝岐歌舞伎は、平成11（1999）年に福島県の重要無形民俗文化財に指定された。

相馬野馬追祭 (のまおい)

大田神社（南相馬市）・中村神社（相馬市）・小高神社（南相馬市）の三社の合同のまつり。旧藩時代に祭礼の行事として行なわれた野馬追の武技（馬を放牧し、これを将士が駆逐する）が、時代を経て祭事化したもので、その起源は、藩主相馬家の祖である将門にはじまる、とされる。

現在は、7月11日から13日の3日間行なわれ、11日が宵乗り、12日が野馬追、13日が野馬懸けである。勇壮なまつりとして、毎年多くの見物客を集めている。

11日は、三社の神輿（みこし）が多くの騎馬武者を従えて斎場である雲雀が原本陣山に渡御し、馬場清めの式が行なわれ、次いで古式にのっとり競馬が行なわれる。その夜は、町内で相馬流山踊（野馬追にちなんだもの）が踊られる。

12日の朝は、原町の北端新田川原に騎馬が集結。三社の神輿を奉じて法螺貝（ほらがい）、陣太鼓を響かせながら雲雀が原の斎場にくりだし、所定の場所に神輿を安置したあと待機する。午後、法螺貝の合図で一斉に馬を走らせ、三社の神旗を奪い合う。この神旗争いを数回繰り返し、その後神輿は下山する。

13日は、朝、小高神社境内城址に竹囲いをつくり、その中へ騎馬武者が荒馬十数頭を追いこみ、小人と呼ばれる白装束の男数十人がそれを捕らえようと喚声をあげて飛び入り、馬を捕らえる。

御田植祭 (おたうえ)

毎年7月12日に行なわれる伊佐須美神社（大沼郡）最大の農業まつりである。格式の高さは東北有数とされ、伊勢（三重県）の朝田、熱田（愛知県）の夕田と並び「高田の昼田」と称され、古くから日本三大田植祭に数えられている。

神幸祭に続き、勇壮な「獅子追い」が行なわれる。これは、多数の青少年たちが8頭の獅子頭を拝受して町中をめぐり、獅子の歯を鳴らしながら無病息災を祈るというもの。その後、御田神社の御正作田で早乙女（さおとめ）踊が奉納される。これは、農家の長男が女装してその年の豊作を祈願して踊るものである。午後からは、神輿渡御や田植式などが行なわれる。神輿渡御の際に歌われる田植歌は「催馬楽（さいばら）」ともいわれ、中世の名残をとどめた福島でもっとも古い歌といわれる。

田島祇園祭

　7月22日から24日にかけて行なわれる会津田出宇賀神社と熊野神社（南会津郡）の例祭。鎌倉時代の文治年間（1185〜90年）に当時の領主長沼宗政の祇園信仰により、この地に牛頭天王須佐之男命を居城鎮護の神として祀り、旧来からの田島の鎮守であった田出宇賀神社のまつりに祇園祭の制をとりいれたのが起源とされる。一時中断されたが、慶長8（1603）年に、領主長沼盛実が京都八坂神社に準じた祭式を定めて現在に至る。なお、明治12（1879）年より田出宇賀神社の祭礼日にあわせて、隣地に祀る熊野神社祭礼を祇園祭の格例に準じて行なうことが定められた。

　田島祇園祭の特徴は、祭礼行事のいっさいを党屋（頭屋）がとりしきることである。現在、党屋は12組あり、1年ずつ当番組を交替していく。当番の党屋組から党屋本の家を選び、その党屋本が中心となってまつりの運営にあたる。昭和56（1981）年、「田島祇園祭のおとうや行事」として国の重要無形民俗文化財に指定された。

　まつりの準備はその年の正月の「お党屋千度」からはじまる。また、祭礼の約2週間前には神酒の仕込が行なわれる。田出宇賀神社は、神酒製造許可をもつ数少ない神社のひとつである。その神酒仕込から約2週間が広義にはまつりの期間となる。

　7月21日は神酒開き。神酒を党屋本の家に運び、神棚に献じる。その後、直会となる。翌22日は神社にて例大祭が行なわれ、終了後、拝殿にて直会。夕方になると、西町・上町・本町・中町ごとに大屋台4台が繰り出され各町をめぐる。屋台上では子供歌舞伎が上演される。

　23日は、神輿渡御などが行なわれるが、何といってもこのまつりのハイライトとは七行器行列である。これは、氏子から神前にお供えものを献上する神聖な行列で、「日本一の花嫁行列」とも称されるとおり、花嫁姿の女性と裃姿の男性が中心となる。それに党屋組の親戚縁者なども加わり総勢100名にも及ぶ大行列が党屋本の家から神社に向かうのである。七つの行器は、神酒を入れた角樽が3つ、赤飯を入れた足付きの行器が3つ、それにサバを載せた魚台が1つ。それを持つのは、両親が揃っていることが絶対条件で、角樽と魚台は男性が、行器は女性が、息のかからないように高めに捧げ持つ。行列が神社に到着すると、本殿に供え、その後拝殿で直会を行なう。

最終日の24日は、帰座の神事。そして、神社の神楽殿で太々御神楽が奉納される。これをもって1年がかりの祇園祭が終了するのである。

いわき夏まつり・じゃんがら念仏踊

いわき夏まつりは、8月3日は湯本やっぺ踊、4日は天狗踊、5日は全国花火大会、6日から8日は平の七夕など、盛りだくさんの行事がみられる。また、じゃんがら念仏踊は、8月13日から15日までの3日間行なわれる盆踊で、13日は、各村々で踊り、14・15は平市に各組が集まって踊る。

じゃんがら念仏踊のはじめは、江戸時代初期に、磐城の大浦村から出た名僧祐天上人が仏教教化のために広めた、といわれる。ゆかたに白たすきをかけ鉢巻を巻いた若者15人前後が一組となり（太鼓を腰につけた者が3名、鉦を胸にかけた者が12名、弓張提灯が1～2名）、提灯を先頭に新盆の家を回って踊る。踊りは、円形で、はじめに太鼓を打ち、次いで「ハーハイモーホーホホイ、ワハハーハイ、メヘーヘン」（南無阿弥陀仏の名号をおりこんだもの、という）と歌い、鉦を叩きながら踊る。厄災除去と亡魂鎮静のための踊りで、念仏を唱えながら踊ることからこの名がある。また、「じゃんがら」は、楽器の音からきたものといわれる。

ハレの日の食事

海から離れた会津地方では、身欠きニシンを用いて「ニシンの山椒漬け」がつくられ、まつりや田植時などに食された。また、「かりあげ」という収穫祝いには、「じんごろう」が食される。これは、半搗きした粳米の餅を竹串に刺し、じゅうねん味噌（味噌・砂糖・酒などを混ぜたもの）をつけながら焼いたもの。その名の由来は、「しんごろう」なる貧しい農夫が、糯米のかわりに粳米を使ったことによる、と伝わる。また、「こづゆ」が正月やまつり、冠婚葬祭などのもてなし料理としてだされた。こづゆとは、干貝柱でだしをとり、焼き麩・サトイモ・白滝・クラゲなどの具材として薄味に仕立てた汁煮である。

中通り、とくに福島市あたりでは、スルメとニンジンを刻み込んだ漬けもの「いか人参」が、正月料理に欠かせない。

寺社信仰

開成山大神宮

寺社信仰の特色

福島県の寺社信仰は、会津坂下町に3世紀末〜4世紀初頭築造と推定される前方後円墳と県内最大の前方古墳が存在し、法相宗の徳一菩薩が拠点としたことなどから、会津から開けたように思われる。会津総鎮守で陸奥二宮の伊佐須美神社は、会津で行き会った四道将軍の大毘古と建沼河別の親子が奉斎したと伝える。

奇祭「会津七日堂裸まいり」で知られ、日本三虚空蔵に数えられる柳津町の円蔵寺（福満虚空蔵／柳津虚空蔵）も、国宝薬師三尊像を祀る湯川村の勝常寺も、徳一の開創を伝える。会津は会津初代藩主保科正之による寺院整理や戊辰戦争後の廃仏を経たが、今なお日本五大仏都の面目を保ち続けている。会津若松市の飯盛山中腹に建つ旧正宗寺三匝堂（国重文）は日本三大栄螺堂の一つである。

県内は西から会津・中通り・浜通りの3地域に大別されるが、会津には飯豊山神社や磐梯山慧日寺（恵日寺）など山の信仰が顕著であり、中通りには郡山市の開成山大神宮（東北の御伊勢様）や福島市の福島稲荷神社など町の信仰が、浜通りでは〈鹿島日吉神社のお浜下り〉‡や波立薬師など海の信仰が今も多くみられる。

陸奥一宮は中通りの棚倉町馬場にある都都古和氣神社や、同町八槻の都々古別神社、石川町下泉の石都々古和気神社、白河市建鉾山の都々古和気神社などとされ、その分布域は中世の神社信仰の拠点であったと思われる。中通りには棚倉の他にも白河・須賀川・郡山・二本松・福島など政治経済の拠点が多い。福島市の中野不動尊は日本三大不動、飯坂八幡神社の大祭は日本三大喧嘩祭りにあげられている。

浜通りの古社寺はいわき市に集中する。国宝の白水阿弥陀堂、好嶋荘鎮守の飯野八幡宮、浄土宗名越派奥州総本山の専称寺、十二薬師一番の赤井嶽薬師（福島88-88、東北36不動36）などが知られている。

凡例　†：国指定の重要無形／有形民俗文化財、‡：登録有形民俗文化財と記録作成等の措置を講ずべき無形の民俗文化財。また巡礼の霊場（札所）となっている場合は算用数字を用いて略記した

中村神社
(なかむら)

相馬市中村。天之御中主神（あめのみなかぬしのかみ）を祀る。相馬総鎮守。平将門が下総国相馬郡の守谷城内に妙見社を創建したのが始まりという。1323年、将門の子孫である相馬重胤（しげたね）は守谷城から氏神の妙見尊を奉じて陸奥国行方郡（なめかた）へ移り、南相馬市原町区の太田神社を創建し、さらに重胤は太田川沿いに拠点を広げて、1332年には行方郡小高（おだか）に城を築いて妙見尊を遷し、南相馬市小高区の小高神社を創建したと伝える。そして1611年、相馬利胤が中村藩を興した際、城内に妙見尊を遷し、当社を創建したという。以上3社は妙見三社や相馬三社とよばれた。7月に行われる〈相馬野馬追〉†は将門の軍事訓練に由来すると伝え、昔は旧5月の中申日（なかのさるのひ）に行われていた。当社での総大将の出陣式から始まる相馬三社合同の祭礼であり、特に原町区雲雀ヶ原（ひばり）での甲冑競馬と神旗争奪戦が勇壮である。

稲荷神社
(いなり)

浪江町津島。保食大神（うけもちのおおみかみ）・佐田大神（さだのおおかみ）・宮売大神（みやのめのおおかみ）を祀る。最初、出羽国由利郡白岩城の守護神として祀られ、後に戦乱を避けて安田三郎義定が神体を下津島の石鼻に遷し、1400年に当地へ鎮座したと伝える。津島・下津島・水境・羽附・芹沢・赤曽木・昼曽根7か村の氏神で、相馬高胤（たかたね）から七曜星（しちようせい）と五三桐（ごさんのきり）の神紋と下馬制札（げばせいさつ）を賜り、下馬落大明神や対馬大明神とよばれたという。10月に秋祭があり、三匹獅子舞が五穀豊穣と無病息災を祈願する。春祭は2月11日。1月14日には〈津島の田植踊〉‡が奉納される。これは年頭の豊作祈願で、種まきから米つきまでを踊りで表現する芸能で、最後に鍬頭が祝言を述べる。社前で踊り終えると集落内の招待された家々を巡って踊るが、招待が多い場合でも1月16日には決して踊らない。なお、南津島の田植踊りは村芝居として伝承されている。

熊野神社
(くまの)

いわき市錦町。字御宝殿（ごほうでん）（大島郷米ノ倉）に鎮座。伊弉冊尊（いざなみのみこと）・豫母都事解之男命（よもつことさかのおのかみ）・速玉之男命（はやたまのおのみこと）を祀る。紀州熊野新宮の別当（べっとう）の日下大膳（くさかだいぜん）が分霊を勧請したのが始まりで、菊田荘の庄司が刀剣を奉献して御宝刀殿大権現とよばれたと伝え、1596年に佐竹又七郎義憲が菊田（菊多）郡73か村の総鎮守としたという。例祭は7月31日・8月1日で、〈御宝殿の稚児田楽（ちごでんがく）・風流（ふりゅう）〉†が奉納される。稚児による田楽は

全国的にも珍しい。7月31日は宵祭りで勅使童児の須賀海岸での潔斎や丑の刻参拝式があり、8月1日の本祭には豊凶占いの鉾立神事、豊作祈願の稚児田楽（ザラッコ）、豊年感謝の風流、神輿渡御、早馬の疾走などが行われる。鉾立神事は、兎を描いた白い鉾が先に立てば里豊作、3本足の烏を描いた赤い鉾が先なら浜大漁になるという。風流では鷺舞・龍舞・鹿舞・獅子舞が行われる。

黒沼神社　福島市松川町金沢。昔、南の月峯山の麓に黒沼があり、黒鬼が棲んで災をなしたが、老翁（敏達天皇か）の諭しで黒沼の神、沼中闇玉命になったという。後に翁は沼中倉太珠敷命として月峯に祀られた。月峯は日本武尊東征の行在所とも伝える。神紋は丸に違い剣である。古くは境内社の三社神に祀られる大山祇命が峯神で、足尾神社に祀られる阿武隈大蛇が沼神であったろうか。例祭は4月で、江戸で修得された〈金沢黒沼神社の十二神楽（出雲流神楽）〉が奉納される。旧暦11月16〜18日には〈金沢の羽山ごもり〉[†]がある。集落の男衆が籠り屋で別火精進潔斎し、神明井戸で水垢離を取り、ヨイサァの儀などの神事を行う。最終日の早暁、全員が御山駆けをし、羽山の山上でカシキがノリワラに来年の天気や作物の豊凶を問い、羽山の神託を受け、その内容を書き取る。

隠津島神社　二本松市木幡。木幡山8合目に鎮座。山頂には12世紀の経塚6基があり、昔は蔵王宮もあった。木幡の弁天様と親しまれ、弁才天と千手観音の像と御彫版木が旧別当の天台宗木幡山治陸寺に残る。例祭は4月25日で、12月第1日曜には日本三大旗祭りの一つ〈木幡の幡祭り〉[†]（御山駆け）がある。1966年までは旧暦11月18日で、参加者は3日前から地区の堂社に籠り、水垢離を取って臨んだ。現在は9地区から行列が出て田谷地区に集合し、総大将の指揮で国旗・梵天・法螺貝・権立（初参加者）・駒形・白幡・色幡・神供餅の列を組んで社へ進む。権立は藁縄で編んだ袈裟を首に掛け、木を男根状に削った太刀を肩から下げる。権立は大岩の割れ目に太刀と袈裟を捧げて通り抜ける胎内潜りを経て、食い初めとして乳（小豆粥）を御馳走になり、羽山神社に参って梵天と餅を供える。

白山寺　須賀川市上小山田。天台宗。古寺山と号する。字百目木の随光寺が管理。行基が東国巡錫の途次に聖観音菩薩を祀ったのが始まりと伝える。後に堂宇は焼失したが、15世紀に領主となった二階

堂為氏が再興したという。以後、須賀川城主二階堂氏の祈願所とされた。仙道33-12。1752年、住職の清光和尚が老朽化した堂宇を再建すべく、子どもたちに踊りを教えて村々を托鉢に廻ってもらい、人々から浄財を募ったのが、〈古寺山自奉楽〉‡の始まりという。自奉楽とは寺法楽のことである。現在は33年目ごとの旧暦3月10日の本尊開帳に奉納されており、花枝（傘鉾）を中心に踊って庭を清める平鍬踊、12種類の模擬稲作作業で豊作を祈る田植踊、花枝担ぎと鉦切りとともに悪霊を祓う一人立三匹獅子舞で構成される。伝承のため毎年旧暦1月2日には唄い初めとして練習を行っている。

東福寺 玉川村南須釜。字久保宿に鎮座。本尊は大日如来だが、地元では薬師様と親しまれる。薬師堂の本尊は弘法大師が刻んだ1木3体の像と伝え、可児・会津と合わせ日本三薬師とされ、33年ごとに開帳がある。国史跡の須釜東福寺舎利石塔は周囲に弥勒浄土49院の名を刻み、開山の宥元が1205年に造立した大日如来石像を中に安置して、像下に累代住僧の舎利を分祀している。4月3日の大寺薬師祭と8月14日の盆には、着飾った少女たちが境内で〈南須釜の念仏踊〉‡を奉納する。演目は小夜の中山、小鍛治、松川、下妻など10種あり、小豆を入れた綾竹か白扇子を持ち、念仏に合わせて美しく踊る。8月14日には新盆の家々も巡って供養する。17世紀中頃に始まったと伝え、境内には1748年の念仏供養結衆の石塔が残る。

都々古別神社 棚倉町八槻。日本武尊が味耜高彦根命を創祀したと伝える。15世紀頃には別当の大善院が白河結城氏の領内や菊多庄の熊野修験を統括して東北熊野信仰の中心となっていた。陸奥一宮で、大宮や近津宮ともよばれた。12月の霜月大祭（八槻様）には、新粔をツトッコ（藁苞）に包んで奉納し、ほかのツトッコを頂いて帰る風習があった（神慮に基づく品種交配）。現在では七座の神楽や三春ひょっとこ踊りが奉納されている。旧暦1月6日には年初の豊作祈願で〈都々古別神社の御田植〉†が奉納される。松舞・巫女舞・幣舞の神楽3番から始まり、続いて堰検分やメバライ（用水堀の掃除）、田耕い、畔端落とし、アシオトメ（肥入れ）、種蒔き、田植え、天狐の舞などが演じられ、最後に楽人が「中飯、中飯」と言いながら参詣人に細く切った餅を盛大に投げ配る。

磐梯神社
<small>ばんだい</small>

磐梯町磐梯。806年の磐梯山噴火の翌年、法相宗の徳一が南西麓に慧日寺を創建し、守護神として奥宮に磐梯明神を祀ったのが始まりと伝える。寺の本尊は薬師如来で、勝常寺や上宇内薬師堂の本尊とともに徳一開創の会津五薬師と崇められた。盛時には3,800坊を擁したという大寺は1869年に廃され、金堂（薬師堂）に磐梯明神を大山祇命として祀り、磐梯神社となった。春彼岸の中日に行われている〈磐梯神社の舟引き祭り〉‡と巫女舞は、1923年に社殿を新築した際に寺の御国祭と明神舞を復活させたものである。寺跡が国史跡に指定されたことを受けて、2000年には字八幡から字並杉に遷座し、社の跡地には金堂が復元された。なお、社の北西には羽山があるが、会津では人は死ぬと霊が羽山へ登り、やがて厩岳の馬に乗って磐梯を登り昇天すると信じられている。

八葉寺
<small>はちようじ</small>

会津若松市河東町広野。字冬木沢に鎮座。空也上人が一宇を建立して阿弥陀仏と経典を納め、捨て置かれた遺骨や遺骸を集めて供養したのが始まりと伝える。後に会津の人々も身内の遺骨や遺髪の一部を小さな木製の五輪塔などに入れて奉納するようになり、会津総菩提所と崇められた。この民俗は〈冬木沢参りの習俗〉‡（会津の高野山参り）として現在も続き、特に8月1〜7日の祭礼時は、故人の初盆を迎える前に家族や親族が揃って参詣する盆迎えの御参りがあって賑わう。8月15日には先祖供養を願う〈冬木沢の空也念仏踊〉も奉納されている。中世には芦名氏の庇護を受け、伊達政宗の焼き討ちに遭うが、阿弥陀堂はすぐに再建された（国重文）。このため1595年以降の〈八葉寺奉納小型納骨塔婆及び納骨器〉†14,824点が現存し、現在は舎利殿に納められている。

田出宇賀神社
<small>たでうが</small>

南会津町田島。宇迦之御魂命を祀る。昔、田の中の小島から田ノ神が出現したのを、田出宇賀大明神と崇めて鎮守として奉斎したのが始まりで、後に南山御蔵入総鎮守と崇められたという。1189年の奥州合戦に随行した長沼五郎宗政は当地を領すると旧領から牛頭天王を遷座したと伝え、今も田嶋天王と親しまれている。1603年には長沼盛実が宮本館（現在地）に両神を祀り、新町と元町の熊野神も合祀し、例祭に京都八坂神社の祭式を導入したという。現在、例祭（蕗祭）は7月22〜24日に行われ、御党屋組による一年神主の制を継承し、日本一の花嫁行列が七行器行列に供奉するなど古式をよく保持しており、日本三祇園の一つに数えられている。例祭に先立って7月18〜21日には

御千度や御神酒開き、七度の使いなど、〈田島祇園祭のおとうや行事〉†が営まれている。

鎮守神（ちんじゅじん）　檜枝岐村居平（ひのえまたむらいだいら）。日本百名山の会津駒ヶ岳の麓に鎮座。駒ヶ岳山頂に816年に鎮座したという駒形大明神と、燧ヶ岳（ひうちがたけ）山頂に832年に鎮座したという燧大権現を祀る。勧請年代は不明だが、星立庵が創建された15世紀以前と思われ、藤原常衡（つねひら）らが村を開いたと伝える9世紀とも考えられる。境内の疱瘡神（ほうそうがみ）は1696年の勧請（かんじょう）。1902年には水神様のバンバが橋場から参道へと遷され、今では縁切り・縁結びの信仰を集めて多くの椀が頭上に載せられている。境内には〈檜枝岐の舞台（ひのえまた）〉†もあり、8月18日の例祭、5月12日の愛宕祭、9月の歌舞伎の夕べには千葉之家花駒座が〈檜枝岐歌舞伎〉を奉納する。南会津町の駒嶽神社にある〈大桃の舞台〉†とともに、かつて37か所もの舞台を擁した南会津の栄華を今に伝えている。

伝統工芸

大堀相馬焼

地域の特性

東北地方南部に位置し、会津、中通り、浜通りの三つの地区に分けられる。会津は四方が山に囲まれ、夏は暑く、冬は豪雪地帯となる。森林資源の中でも特に貴重な会津桐は、厳しく長い冬と只見川沿いの深い霧に育まれて、美しい柾目と粘りのある強靭さを備え、桐箪笥や桐下駄へと加工されてきた。蒲生氏郷や保科正之ら、現在も尊崇される名君の治世のもと、養蚕、綿花栽培、漆の植栽などの殖産興業が盛んに行われ、会津塗や会津木綿など今日まで続く名産品が産み出された。

奥羽山脈と阿武隈高地にはさまれた中通りは奥州街道が縦横に走り、北部には県都福島市、中央部の郡山市には東北新幹線や会津鉄道、磐越西線が乗り入れる交通の要衝である。南端の白河市には、奈良時代、蝦夷の南下を防ぐために設けられた「白河の関」の跡が残されている。樹齢1000年超とされる三春滝桜を始め、土湯温泉など観光資源も多く、三春駒、三春張子など歴史に彩られた郷土玩具も人気を集めている。

海岸線に沿った浜通りは、豊かな水産資源と良港に恵まれ、北部の浪江町は相馬藩以来の東北一の窯業地であったが、2011（平成23）年3月に発生した東日本大震災と原発事故による甚大な被害に見舞われ、復興はまだまだこれからである。

伝統工芸の特徴とその由来

会津木綿の人気が再燃しているという。江戸時代、伊予松山から織師を招いて始まり、後を継いだ藩祖、保科正之が綿花の栽培を定着させ、農民だけでなく藩士の妻女もこぞって内職し、盛んな生産量を支えるべく自動織機も導入したといわれる伝統織物である。しかしながら、素朴で丈夫な縦縞の厚手木綿は、長い間顧みられることが少なくなっていた。もっぱら

呉服店や洋品店での商いが、時代遅れに感じられたのであろうか。平成になって衰退していく地場産業に、一念発起した若者が二人、廃棄された工場から100年前の織機を運び出して修繕を重ね、協力者を募って復活に漕ぎつけた。旧式の織機でゆったりと織り出される手機に似た風合いと色とりどりのシャープな縦縞が人気を集めている。

　また、量産中心であった会津塗にも変化の兆しがみえている。長年にわたって培われてきた蒔絵技術が、ヨーロッパの宝飾時計のトップブランドの注目を浴びることとなり、贅沢な蒔絵の文字盤が海をわたった。一方、国内外の先端産業においても、オーディオ機器やカメラなど、工業製品への漆塗装が商品の付加価値を高めている。会津塗の順応性に富んだ高い技術力の所産であり、より進化した形で一流企業との共同開発が行われている。

知っておきたい主な伝統工芸品

奥会津昭和からむし織（大沼郡昭和村）

奥会津昭和からむし織は吸湿・速乾性に富んだ、さらりと薄い感触の麻織物である。極細のカラムシの糸を用いており、夏の最高の衣料となる。カラムシとはイラクサ科の多年草で、チョマ（苧麻）ともいわれ、繊維は青苧と呼ばれる。山間高冷地の昭和村では、室町時代後期から換金作物として栽培され、江戸時代には越後上布や小千谷縮という上布を代表する産地へ、原料として出荷されていた。

　カラムシの収穫にはおよそ3年を要するとされる。根を植え、雑草を取り除き野焼きをして発芽を揃え、囲い込みをして成長を見守り、刈り取りをして、選別される。清水に浸して皮を剥ぎ、内側の繊維を取り出して乾燥し100匁（約375g）単位で束ねて保管。青苧はさらに爪で裂いて、口に含みながら撚りつなぐ。糸を染め、地機にかけて織り進めて、1年以上もかかってやっと1反出来上がるのである。しかし、きもの離れに抗うのは難しく、需要は激減している。

　昭和村のからむし織りも、親から子へ、姑から嫁へと織り継がれてきたが、過疎化が進み先細りとなったのは否めない。この状況を打破するため、1994（平成6）年度、「からむし織体験生（織姫、彦星）事業」が始まり、寄宿先を提供して織物を志す若い訓練生を集め、後継者確保に努めている。

現在も、村が一丸となって支援し、2017（平成29）年には、「伝統的工芸品」として経済産業大臣の認定を受け、より積極的な宣伝活動が展開されるようになった。

大堀相馬焼（二本松市、双葉郡浪江町）
（おおほりそうまやき）

大堀相馬焼の特徴は、「青ひび焼」と呼ばれる青磁釉の細かな貫入と疾走する「走り駒」という絵付け。ウマは、馬上で華麗な神旗争奪戦を演じる相馬野馬追（そうまのまおい）という神事をモチーフとしており、大堀相馬焼のシンボルともいえる文様である。

江戸時代中期の1690（元禄3）年に開窯し、土地の農民や先進地から参入した陶工たちによって継承され、相馬藩の保護育成のもと近在の領民にも広まり、江戸時代末期には120軒の窯元を数える東北随一の産地へと発展した。明治時代になると、もともと半農半工ということもあり、20数軒にまで減少したが、相馬藩の特産品として誇り高く伝統が継承されてきた。

「走り駒」の壺はもとより、機能的な工夫で人気なのが、例えば、湯呑み。一まわり大きさの違う器を重ね焼きにした「二重湯呑み」は、真空層の効果歴然で、熱いお茶でも苦もなくつかめるし、中のお茶も冷めにくい。また、絶妙なもち手をつけた納豆鉢もロングセラーであった。

しかしながら、2011（平成23）年、東日本大震災と原発事故により、大堀相馬焼の窯元はすべて町外への避難を余儀なくされた。仮設工房での不自由な製作活動が続いていたが、仄聞（そくぶん）するところによれば、父祖の地、浪江町での再開の準備が始まったとのことである。

会津本郷焼（会津美里町）
（あいづほんごうやき）

会津本郷焼は、白釉（はくゆう）や飴釉（あめゆう）を生掛けして緑釉（りょくゆう）や海鼠釉（なまこゆう）をあしらった陶器と染付や鮮やかな色絵磁器が共存する産地である。戦国時代、会津若松に移封された蒲生氏郷が鶴ヶ城の屋根瓦を焼かせたのが始まりとされる。その後、17世紀中頃、会津松平藩の藩祖保科正之により、瀬戸の陶工水野源左衛門が招聘（しょう）されて御用窯の基礎が築かれた。およそ50年後には、佐藤伊兵衛（へい）が有田から磁器の製法を伝え、一般庶民の暮らしの器にまで広がった。

窯元によって素地も形状もさまざまで、中でも郷土料理のニシンの山椒漬けを漬け込むニシン鉢は独特である。ちょうどニシンが入る程度の長方形の箱型で、重ねてつけ込むには抜群の使いやすさ。昔からこのニシン鉢は窯元では日用品としてつくられており、柳宗悦（やなぎむねよし）も著書『手仕事の日本』

で、ほかには例がなく「この窯では一番健康な仕事」と称えて丁寧に紹介している。

　会津本郷焼は気品あふれる磁器が重用され、日常的な陶器は「粗物」と呼んで等閑視されがちといわれてきた。時代は変わり、男女ともに若い活力が産地を担うようになった現在、繊細な色絵磁器、どっしりと健康的な陶器、シックでモダンな日常食器、精魂込めた逸品とそれぞれのもち味をいかんなく発揮して、新しい顧客を獲得している。

会津塗（会津若松市、喜多方市、南会津町、会津美里町ほか）

会津塗の特徴は無地の「花塗」のほか、「会津絵」「鉄錆」「金虫喰」「消金地」などの個性的な加飾技法が豊富なことである。また、製法も伝統的な手塗りのものから吹き付け塗装の工業製品まで広範囲にわたる一大産地である。1590（天正18）年、豊臣秀吉の命で会津藩主になった蒲生氏郷が、前の領地の近江日野（滋賀県）から木地師や塗師を呼び寄せ、その技法を伝授させる。以来、会津塗の技術は進歩を遂げ、漆の木の栽培から加飾までを一貫して手掛ける産地となる。さらに江戸時代には、藩祖、保科正之を始め歴代藩主が保護育成に努め、1802（享和2）年には、幕府の許可を得て中国、オランダなどにも輸出される。幕末の戊辰戦争では幕府側につき、戦火で焼け野原となり壊滅的な打撃を受けたが、明治時代中期には日本有数の漆器産地として復興した。

　伝統技法は、大きく分けて六つあげられる。「会津絵」は色漆を使って松竹梅と破魔矢を組み合わせた縁起のよい吉祥柄の文様で、会津塗独特の代表的技法。「すり型轆轤」は、近江日野から日野椀の木地師と塗師によって伝えられ、その後、すり型で量産する轆轤が会津で考案された。「鉄錆」は鉄の鋳物のような仕上げにする技法で、錆漆を用いた蒔絵。江戸中期〜大正時代に広まる。「花塗」は漆の上塗りの後に、研ぎや磨きの工程を入れず、漆の肌のままを活かす技法。柔らかく温かみのある風合いになる。「金虫喰」は、黒漆を塗った上に大麦を蒔き、乾燥後これを取り除き、続いて銀粉を蒔き木地呂漆を塗り、これを磨くと虫食い模様が現れ、何度も磨きを重ねると独特の模様が出る。「消金地」は、金箔を微粉末にした「消金粉」を、漆を摺った表面に均一に蒔きつけ、その上に何度も摺り塗りをして仕上げる独特の加飾。このような伝統的技法で、家具調度品や日用品などが

つくられてきた。

　最近では、電子レンジや食洗器などにも対応できる食器や、ガラスに蒔絵を施したワイングラス、黒や朱の漆に顔料を混ぜてパステルカラーなどに塗り上げた器など、時代に合わせたデザインや技法を駆使した製品が登場している。

奥会津編み組細工 (大沼郡三島町)

　奥会津編み組細工は山に自生する草木を用いて笊や篭などの炊事用具、農作業や山仕事の道具をつくるもので、使用する材料により、ヒロロ細工、マタタビ細工、ヤマブドウ細工の三つに大別される。

　奥会津地方は、全国でも有数の豪雪地帯として、雪国特有の生活文化が育まれてきた。ヒロロは沢地に生えるミヤマカンスゲなどの細長い草で、その葉をないでつくった縄を編んでバッグなどにする。マタタビもヤマブドウも木にからまって成長するツル植物で、マタタビは枝、ヤマブドウは樹皮を編んで笊や篭にする。

　縄文時代から続くとされ、農閑期の副業として伝えられてきたが、高齢化による従事者の減少に歯止めをかけるため、地場産業として育成するようになった。「生活工芸運動」を町の重点施策に据えて、数百年にわたり継承されてきた技術・技法を見直し、品質管理や需要開拓などの視点も取り入れて、住民全体を巻き込む産業に発展させたのである。町の中心部に「生活工芸館」という木造の瀟洒な施設を開設し、技術指導員を常駐させ、売店も併設された。

　1972 (昭和47) 年から町主導で開催した展示会は、「全国編み組工芸品展」「ふるさと会津工人まつり」へと発展し、いまや、地域住民だけではなく、全国から参加者が集まる一大イベントとなった。目につくのは、工人、バイヤー、買い物客らの年齢層の厚みと、ものづくりへの熱い視線である。

起上り小法師・赤べこ・三春張子 (会津若松市、田村郡三春町ほか)

　起上り小法師は会津地方に古くから伝わる縁起物の人形で、400年ほど前、藩主蒲生氏郷が下級武士の内職としてつくらせたのが始まりとされる。1寸 (3cm) ほどの手のひらにのる大きさで、七転び八起きの忍耐と人生の象徴として親しまれてきた。東日本大震災の際には復興支援の象徴として多くの小法師がつくられたが、中でもパリ在住のデザイナー高田賢三の呼

び掛けに応えて、ジャン・レノやジャン＝ポール・ゴルチエなど世界的なアーティストたちが独創的な絵付けを施した作品は、モダンアートとしても画期的で世界各地を巡回した。

　赤べこも苦難のときの友として気持ちを落ち着かせてくれるかもしれない。頭を突くとゆらゆら首を振るウシの張子人形で、寺院の建立に使役された赤牛が献身的に働いたという伝説をふまえて、蒲生氏郷が発案したとされている。張子とは木型に和紙を重ねて貼り付けた後、糊が乾いてから、木型を抜き取り彩色した中が空洞の人形。赤は邪気を払う色であり、黒い斑点は疱瘡の痕を現す疫病除けとされた。

　三春張子は、郡山市や三春町の「デコ屋敷」と呼ばれる職人たちの集落に伝わる家業である。江戸時代から続く6軒の工房が、現在も、達磨、干支、雛人形、五月人形や歌舞伎などを題材として、張子人形をつくり続けている。「鞨鼓」や「大黒舞」など動きの一瞬を捉えた躍動感溢れる造形、表情豊かな顔の描き方など、仙台の堤人形の影響を受けたともいわれ、今なお根強い人気を集めている。

民 話

地域の特徴

　福島県は東北地方の一番南に位置し、太平洋に接している浜通り、阿武隈高地と奥羽山脈に挟まれた中通り、奥羽山脈以西の会津地方と大きく三つに分けられる。さらには、城下町であった会津地域と県境に近い南会津地域。県庁所在地である福島市を中心とした県北地域。交通・経済の要衝である郡山市を中心とする県中地域。陸奥の玄関口とされる白河市を中心とした県南地域。原発事故の被害を最も受けた相双（相馬、双葉）地域。そして最も温暖な気候の地であるいわき地域の七つに大別され、行政もこの区分けを使用している。これらの地域は気候が異なり、独自の文化、行事、歴史があり、地域の帰属意識が高い一方、一県のまとまりとしての意識は薄かった。これは江戸期に大小10余りの藩が治めていたこととも関係する。

　2011（平成23）年東日本大震災では、地震と津波、福島第一原子力発電所の事故などで県内は大きな被害を受けた。これをきっかけに各地域の民俗伝承も変化し、一県としての結びつきが強くなっている。県内の民俗には古い言い伝えのものが多い。相馬野馬追は、相馬氏の始祖・平将門による軍事訓練がはじめと伝えられる国指定重要無形民俗文化財である。

伝承と特徴

　福島県における民話の記録は、『会津風土記』や『磐城風土記』など江戸期に藩主導で行われた郷土誌編纂のものが早い。明治時代に入ると明治政府や福島県の命令を受けて、各地域の地誌が編纂された。民話集としては、1928（昭和3）年の近藤喜一による『信達民譚集』、1942（昭和17）年の岩崎敏夫による『磐城昔話集』がある。1960（昭和35）年以降、山村民俗の会による雑誌『あしなか』に各地の民話が報告され、1965（昭和40）年以降には『河童火やろう』や『鬼の子小綱』などが出版される。同

時期に地元の教育委員会や、県内外の学校による資料集が作成された。平成に入ると、2001（平成13）年に開催された地域博覧会「うつくしま未来博」において、地元の人が民話を語って聞かせる「からくり民話茶屋」が出展された。これを契機に改めて資料集が編まれたり、語りの場が設けられたりした。東日本大震災以降は、震災前後の語りを聞き書きするなどの試みも行われている。

　福島の昔話は「ざっと昔」と呼ばれ、昔話は「ざっと昔あったと」で始まり、合槌は「へーん」や「はード」、結語は「ざっと昔が栄えだど」などが一般的である。伝説では小野小町や萩姫などの女性や、源義家や源義経といった武将の話が伝わっている。世間話では浪江町や船引町の河童の話、富岡町や長沼町の小豆とぎの話が多く語られる。

おもな民話（昔話）

時鳥の姉妹
ほととぎす
　　　　　　　南会津郡只見町には次のような話がある。
　時鳥には姉と妹があっただ。そして姉の方は山芋見つけて、わが（自分）はあくび（芋の頭部）の方の固い方ばっかり食って、妹にはいい方を食わせただと。妹は、こおったら（こんなに）うめい物を姉はけただから（くれるのだから）、わがはどんなうめい物を食っているべと思って、姉を殺して、姉の腹を裂いてみたら、姉はあくびの固いとこの、うまくねぇとこばかり食っていたったと。そして、時鳥はその罰で八千八声鳴かねぇと餌食われなくなったと。喉から血が出るようになって、泣いて血を吐く鳴く鳥だとて、そこから出ただって。ボトサケタって鳴くだ（『会津百話』）。

　動物昔話の中の「時鳥と兄弟」で知られるこの話は、全県的に報告されている。『会津百話』はテープ録音資料を忠実に翻字化しており資料的価値が高い。

蛇聟入
へびむこいり
　　　　　　　福島県ではさまざまな異類婚姻譚が語られている。特に蛇聟入、猿聟入の報告例が多い。石川純一郎はこれらの昔話は、「田植に際して処女が山中に籠って田の神を招き迎えて来る民俗を反映している」と述べている。南会津郡桧枝岐村には次のような話がある。
ひのえまた

　ざっと昔あったと。ある所に、婆様と孫娘が暮していたと。その孫娘がどこさ、毎晩見たこともねぇ青年が遊びに来んだちゅうと。ひして、用が

あって隣村さ行ぐ途中で、道端の木の陰から毎晩通って来る青年が出て来て、娘の手拭を取って、また木の陰さ隠れたと。

　娘は用達の帰りに、青年が隠っちゃ木の陰を見て、あんまあ魂消たと。青年の正体は蛇で、手拭を面さのせて昼寝していたったと。娘は急いで家さ帰って、婆様さこの有様を語ったと。

　「それは大事だ。晩げも来るに違いねぇから、その時は大鍋をかけて大豆をちっと入れ、火をどんどん燃やし、我は用事があっから、ちょっくら留守のうちにこれを炒って下せい、めて頼んで外さ出て透見していろ」

　こういう風に、婆様に教えらっちゃ通りに、娘が透見しているというと、初めのうちは青年の姿だったが、火がどんどんと燃えて、鍋が焼けて来ると、だんだん大蛇の姿に変って、鈎竹さ巻きついて、尻っぽで大豆をかきまあしていたが、尻っぽも焼け、鍋の中さ落ちて死んだと。

　いちが栄え申した（『河童火やろう』）。

南山の馬鹿婿（むこ）

福島県で笑話として語られることが多いのが愚か婿譚である。一連の愚か婿譚は「南山の」で始まることが多く、「南山話」ともいわれる。これらの話は特に浜通り・中通りで報告例が多い。例えば、中通りの福島市には次のような話がある。

　南山の馬鹿婿殿が、その、山歩ってたら、一緒に行った人が、
「なんと婿殿、まぁずいい秋山の色になったんでねえかまず、真っ赤だわ」
ってゆったらば、
「はぁ、真っ赤になったこと、秋になるっていうのかい。したればぁ稲荷様の鳥居もあれ秋になったのがん」とこうゆったから、
「いや違ぁ、あいつは色塗ったがんだ」
とこうゆった。そうこうしているうちにそれ、長者殿の家で、招ばれがあったもんで、みなして行ったところが、立派な海老が出た。婿殿こん時とばかし、ずねぇ声だして、
「まぁず、いいあんべえにこれ色塗らってんなん。なんとまずヒゲの先まで、までぇに塗らってるわん」とこうゆったと（『遠藤登志子の語り─福島の民話─』）。

　これを語った遠藤登志子は福島市出身で200話クラスの語り手とされ、明治生まれの祖母から昔話を聞いたという。

うば棄て山

本格昔話で語られることが多いのは「姥捨山」である。田村郡小野町では次のように語られている。

親が61になると、山に棄てに行かなければならないところ、その息子は親を台所の下に隠していた。ある時殿様から、アクで縄を綯え、二頭の馬の親か子か見分けをつけろ、玉の中の穴に絹糸を通せ、といった三つの知恵試しが出される。すべての知恵試しを親の助言で息子は解く。三つ目の知恵試しを解いたところで、親の命を助けてもらう。それ以後年寄を大切にするようになる（『小野町のむかしばなし』）。

この例のように難題は複数語られることが多い。また、棄てに行く場所は特定の山の名前を挙げるところは少ない。

三枚の護符

福島県では和尚と小僧が登場する話も多く、具体的な寺の名前が出てくることもある。「三枚のお札」話にも和尚と小僧が登場する。浜通りのいわき市小名浜に次のような話がある。

ある山寺に和尚と小僧とがいた。小僧は仏にあげる花を採りに山へ出かけた。日が暮れてしまい、ある老婆の家に泊めてもらう。夜中に小僧が目を覚ますと、台所で婆が出刃包丁をといでいた。小僧が便所に行こうとすると、婆は正体を明かし、小僧の腰に縄をつけ便所へ行った。小僧は縄を便所の柱に結わえ、便所の神様にお願いをし逃げ出した。「まあだだまあだだ。」という返事なので、婆が見ると小僧はおらず縄ばかりが残っていた。神様が小僧をあわれみ返事をしてくれていた。婆は小僧を追いかける。追いつかれそうになると、一枚のお札を「山になあれ。」と投げ、二枚目のお札を「川になあれ。」と投げ、最後の一枚を「火事になれ。」と投げ上げたら、後ろは一面火事となり、鬼婆はとうとう焼け死んでしまい小僧は助かることができた（『福島県磐城地方昔話集』）。

おもな民話（伝説）

虎丸長者伝説

福島県は奥州の入り口とされ、多くの人物が通過した。坂上田村麻呂、源義家や源義経、以仁王などの人物の話があり、長者伝説や寺社縁起と結びついている例も多い。ただし地域により人物に対する評価は異なり、中通りでは源義家に刃向い長者は滅ぼされるが、浜通りでは源義家に協力して長者が褒美を賜ったとされる。中通りの福島県郡山市に次のような伝説がある。

今から1200年前の昔、大同年間に、虎丸長者という豪族が住んでいたという。長者屋敷跡は、如宝寺の境内といわれるが、清水台だともいわれる。そのあたりから、布目瓦が出ていて、その散布状況を見ると、大きな屋敷があったことがわかる。虎丸長者は京にのぼり、時の帝、平城天皇に拝閲して、馬頭観音の御尊像を下賜された。それを守り本尊として、この地の高台に祀ったのが、如宝寺の馬頭観音堂である。虎丸長者は、源義家がこの地方を平定するときに、義家に反旗をひるがえしたかどで、亡ぼされたと伝えられるが、一説には、安達の杉田に隠れてすごしたともいう。

　また、虎丸長者がこの地から逃げるとき、その財宝の黄金千杯、朱千杯、漆千杯を埋めたといい伝えられている（『郡山の伝説』）。

和泉式部伝説

福島県には和泉式部や小野小町の出生伝説があり、采女や静御前といった悲劇の女性伝説もある。猫啼温泉や磐梯熱海温泉などの開湯伝説にもつながっている。石川郡石川町猫啼温泉伝説では、曲木に子のない夫婦がおり、神様に頼むと子どもを授かり近くの清水で産湯をした。そして和泉式部と名付けた。和泉式部が京の都へ上ると、その飼い猫は主人を探して鳴き続け、病気になってしまった。しかし泉に浸かるとすっかり元気になった。それを見た地元の人が効能に気づき、猫啼温泉と名付けたと伝えられている（『石川郡のざっと昔―福島県石川郡昔話集―』）。

安達ヶ原鬼婆伝説

古くから伝えられている伝説で、和歌や謡曲などに題材としてとられている。また松尾芭蕉も『おくのほそ道』の旅で黒塚を尋ねている。安達ヶ原鬼婆伝説は次のような話である。

　安達ヶ原の岩屋に「いわて」というお婆がいた。いわては京のあるお姫様の乳母だった。姫の病気を治すのに、赤子の生き肝が必要だと言われ探していた。ある日ある若い夫婦を泊める。その妻は妊娠しており、殺して赤子の生き肝を奪った。しかしその若妻は自分の娘だったことを知ってしまう。そして本当の鬼になってしまった。

　数年後、阿闍梨東光坊祐慶という高僧が岩屋に来て宿を求めた。祐慶はお婆が薪を取りに外に出た折、隣室を覗くと山積みの白骨がある。怖れて逃げ出す祐慶は、那智社観音像を芒の根に立てお経を唱えると観音像が手にした白弓から金色の矢が放たれ、お婆を突き刺し息絶えた。その仏像を

白弓観音と命名し、これが今に残る観世寺観音像である。お婆は里人の手で葬られ、黒塚の石碑も建立された（『あだち野のむかし物語』）。

おもな民話（世間話）

　福島県にはさまざまな妖怪の話がある。旧制学校の系譜を引く学校には、地元の世間話と結び付いた七不思議も伝えられる。大沼郡金山町には、次のような話がある。

あずき洗い　　本名（ほんな）にはいくつか清水が湧いていて、そのなかでもオレの家のすぐ下にある大清水は、いちばん大きい清水だ。むかしは水道も冷蔵庫もなかったから、大清水には水汲みやら野菜洗いやらで、毎日大勢の人が来ていた。とても冷たい水で、オレが子どもの頃は、そこで汲んだ水に粉ジュースを入れて飲んだりもして、とてもうまかったことを覚えている。しかし、暗くなると近づく人はいなかった。そこは、あずき洗いという化け物が出るところでもあったからだ（『会津物語』）。

　『会津物語』は2011（平成23）年春から、『朝日新聞』福島版に連載するため、会津学研究会が会津地方に伝わる不思議な話の聞き取りを始めた。そのさなかに東日本大震災が起こり、いったんは計画が中止されたが、同年夏より3年間連載され後に書籍化された。

姫田の森塚　　浜通りの双葉郡大熊町に次のような話がある。
　　大熊の町のある家にいわきから嫁が来た。嫁はいわきの大きな屋敷の娘で、化粧料と花嫁道具を持たされた。夫婦仲は良かったが、姑の嫁いびりはひどかった。嫁は我慢していたが、ある時家を出て行ってしまった。いわきの親たちは嫁ぎ先に化粧料と花嫁道具を返すように言ったが、返そうとはしなかった。そうすると何年かして、婿の家は身上を潰していなくなってしまった。その後、そこの田んぼを買った人たちが次々と身上を潰してしまった。それから、この田んぼをつくると祟りがあると伝えられるようになった（『残しておきたい大熊のはなし』）。

　大熊町は福島第一原子力発電所の1号機から4号機があり、事故の発生地である。同書は2016（平成28）年に、「震災前の町内の言い伝えや現実を、できる限り残しておこうという気運」のもと編まれた。

妖怪伝承

奥州会津怪獣の絵図

地域の特徴

福島県は、東北の最も南に位置し、西に新潟、南を北関東の茨城・栃木・群馬各県と接する。その面積は全国3位を誇り、県都は福島市である。県東部に阿武隈高地、中央に磐梯山や猪苗代湖を含む奥羽山脈が縦貫し、西には越後山脈、北に飯豊連峰があって、その谷間に大小の盆地が形成され阿武隈川や阿賀川などの河川が流れる。

福島県は、地形や気候により、県西部を「会津」、阿武隈高地と奥羽山脈にはさまれる「中通り」、太平洋沿岸部の「浜通り」の三つに大別される。近世、会津藩など10を超える中小の藩や幕領が複雑に入り組み、その歴史が自然の環境とともに地域性豊かな独特の生活世界を生み、同時に広く共通する県民意識といったものを希薄にしている。

一方、福島県は、関東と東北、日本海沿岸地域をつなぐ接点に位置し、古くから奥州・越後をはじめ大小の街道が整備され、また阿武隈川や阿賀川を中心に発達した舟運により、交通・交易の要衝であるとともに中央文化と東北文化、さらに日本海文化が融合、交差する場でもあった。また近世から近代には「奥州蚕種本場」と称され全国でも屈指の養蚕地帯として知られ、蚕種をはじめ繭や生糸、絹織物を広く出荷していた。

伝承の特徴

県南の「白河の関」以北は、古代より「みちのく」とよび異郷とみなされ、その境界的な風土がさまざまな妖怪を創造させ、また関東、北陸、東北の接点としての地理的特性は多くの妖怪をこの地へともたらした。

数的にみれば、上位は「狐」「大蛇」「化け猫」である。なかでも「狐」が群を抜く。それは居住地の多くが大小の盆地にある本県の特徴と、城下町や在郷町を核に村があり、原野や山麓が囲む盆地的景観のなかで、田畑や宅地開発めぐり人為と自然とがせめぎあう境域が生じ、そこに名をもつ

狐が登場し実在人物を化かす話が生成されている。

一方「大蛇」「化け猫」は、沼沢沼の「沼御前」、猫魔ヶ岳・大辺山の「化け猫」伝承から窺えるように、その登場場面が里から遠望する高山や霊峰、普段人が近づかない山奥の沼・湖である。この他、天狗、磐梯山の手長足長、大滝根山の大滝丸（悪路王）などの山の妖怪、あるいは河海に登場する河童、龍神、海坊主などの妖怪も含め、単純にそれらを自然環境との関係だけでは語れない。そこには火山、噴火、土砂崩れ、白髪水（洪水）、沼の決壊、津波など自然災害に対する恐怖や不安があり、また奇怪な地形や奇岩、鉱山や鍾乳洞は人為を超えた神秘な不思議な異界空間と映ったのである。

そして、県内の妖怪の存在感や特徴をより濃密にしているのが、近世に溯る地方色豊かな妖怪や怪異伝承を記す書物や絵の存在である。その代表的なものに『老媼茶話』『奥州会津怪獣の絵図』がある。

主な妖怪たち

アカヒトリ　高目（西会津町）の諏訪神社の森に棲む鳥の妖怪。この森を通りかかると、蓑笠をつけたアカヒトリが現れ、「アカとって食べか、人取って食べか」と鳴く（『西会津地方の民俗』）。

赤目鱈主（あかめだらぬし）　長谷堂大尽という長者屋敷の裏手の沼に棲む沼の主。長者屋敷の火事で、消火のため沼の水がなくなり少女に変身して沼を去り「主沼」に移る。しかし、川の氾濫で「主沼」も流れてしまい、今度は15、6歳の少女の姿になって「女沼」に移り棲み沼の主となったという（『安達町民俗誌』）。

安達ヶ原の鬼婆　二本松市安達ヶ原に棲む鬼女。黒塚はその墓とされる。仕えた姫の病を治すため「身重の女の生き肝」を求め、京から奥州にくだり安達ヶ原に住みついた「いわて」が、気づかず実の娘と孫を殺したことを悔い、苦しみのあげく発狂し、旅人を殺して金品を奪い生き血を吸い人肉を喰う鬼婆になった。ある秋、鬼婆の棲家とは知らずここに泊まった僧祐慶は、その正体を知り逃げ出し、追う鬼婆に捕まりそうになったとき、祐慶が一心に如意輪観音を祈ると、天空から如意輪観音が現れ、破魔の真弓を射て、その矢は命中し鬼婆は息絶える（『ふるさとの伝え語り』『安達町民俗誌』）。

奥州会津怪獣の絵図

「奥州会津怪獣の絵図」と題された瓦版風の一紙物に記された妖怪。挿絵も描かれている。1781（天明元）年の夏頃から陸奥国会津から出羽国象潟（現・秋田県にかほ市）にかけ、15歳以下の男女を問わず子どもが失踪する事件が頻発した。磐梯山の麓塔の沢でも大勢の子どもが一度にさらわれる事件が発生し、「南部大膳太夫様（南部藩領主）」とその家臣たちが磐梯山周辺を捜索した結果、1782（天明2）年、恐ろしい風体の怪獣を大筒で仕留めたという。背丈4尺8寸（約145cm）、顔は大きく2尺（約60cm）もあり、口は耳まで裂け牙がある。鼻はくちばしのようで地面に着くほど長く、髪の毛は黒く尾の長さと同じくらいあり、体型はヒキガエルにも似、身体全体に毛が生えている。この事件の詳細は不明で、会津藩関連史料にこの事実がない（『会津若松市史24 民俗編④』）。

大滝丸（悪路王）

大滝根山に棲む鬼。坂上田村麻呂によって征伐される。伝承は阿武隈高地中央部から西部にかけ分布し、大滝丸と悪路王は同一人物とみなされ、宮城県・岩手県の阿弖流為との関連や同一人物とする伝承はない。大滝丸は鬼生田（郡山市）の地獄田で生まれ、成長するにつれ墓をあばき死人を食い、大滝根山の達谷の窟・鬼穴に棲みつき仲間と多くの悪事を働いた（『田村郡誌』）。雲霧をよび、火の雨を降らせる妖術も操る（『滝根町史』3）。しかし、大滝丸には、暴力的で、残忍で、人々を苦しめる悪の存在として扱われる一方で、中央権力に敗れ周縁へと排除された敗者としての在地豪族の陰も見え隠れする（『東北の鬼』）。

お尻目小僧

尻に目玉そっくりなものが10もある子どもの妖怪。小雨の降る夕暮れ時、下柱田（岩瀬村）の跡見塚の山道に出没する。出会った者が「着物がよごれるから」と裾をめくってやると、その子の尻には目玉そっくりの物が10もあり、驚いている間に子どもは無言のまま歩き出し長命寺付近で姿を消した（『ふるさとの昔話』）。

オボ

オボは散らし髪の若い女の赤子を抱いた幽霊。産後の肥立ちが悪く、乳飲み子を残し亡くなり、未練で成仏できず、夜、遅い時刻、坂井と八町（金山町）の間の沢道の入り口に現れ、通行人に髪をすく間の子守りを依頼する。赤子が泣き止み、自分も髪をすき終わると礼をいって消える（『金山の民俗』）。また、檜枝岐村では、オボは難産で死んだ女の

霊で、あの世に行ってお産をし、オボという妖怪になる（『檜枝岐村史』）。

オンボノヤス　オボノヤスともいう。山中に現れる。これに出会うと、白い霧を吹きかけられ、かけられた者は道がわからなくなり山中で迷うという（『民間伝承』5-10）。

カシャ猫　大辺山に棲むという化け猫。爺様の留守中、飼い猫が口をきき、婆様に浄瑠璃を聴かせる。婆様は約束をやぶり爺様に話すと、寝ていた猫が、急に目を見開き、口は耳元まで裂け、耳がピーンと跳ね上がり、「婆様、しゃべったなぁ」というが早いか婆様をかみ殺し、大辺山へと飛んでゆく。その後、大辺山に棲みついたカシャ猫は、長雨や日照りを起こし、また葬式があれば夜な夜な山から下りてきて屍を喰い、人々を苦しめた。カシャ猫のカシャは葬式や墓から死体を奪い取る妖怪「火車」と一致する。檜枝岐村では、カシャは亡くなった人を送り出す野辺送りのときに、棺に納めた死体を盗みに来るといい、途中、棺桶が軽くなったり重くなったりするのはカシャの仕業だとされる（『檜枝岐村史』）。

亀姫　『老媼茶話』に登場する猪苗代町の猪苗代城（亀ヶ城）に棲みつく城の主とされる妖怪。姫路城の妖姫「姫路のおさかべ姫」と並び称される。城代主膳のもとに禿が現れ、「汝、此城主にお目えしていない」という。自分の城主は加藤明成だと叱れば、禿は笑い「亀姫を知らぬとは、汝の天運は尽き、命も絶えた」と言い姿を消す。次の正月元朝、主膳への拝礼の場に新しい棺桶と葬具がおかれ、夕にはどこからともなく大勢で餅を搗く音がするなど、不吉な事が続き、18日、主膳は雪隠（便所）で病気となり20日の早朝に死去する。亀姫を軽んじた報いとされる。泉鏡花著『天守物語』にも取り上げられた。

朱の盤　毎夜、諏方神社野境内（会津若松市）に出没する恐ろしい妖怪。最初、若侍か女房の姿で現れ、目撃者が「朱の盤」について尋ねるなり、「こんな顔か」といって、突然、変貌する。その姿は髪は乱れ頭には角、声は割れ鐘のような響き、目は鏡のように光り、口は耳まで裂け、金色の歯をむき出しガチガチ鳴らす音は雷のようだという（『諸国百物語』『老媼茶話』）。水木しげるが描いた「朱の盆」は水木の創作である。

殺生石　伝説上の人物「玉藻の前」が、九尾の狐に化身し、その正体が見破られた後、下野国那須野ヶ原で人々に災いをもたらす毒石「殺生石」になる。この殺生石を退治した玄翁和尚は、会津の名刹示現

寺（喜多方市）住職を務めた人物である。会津では割れた殺生石の一つは摺上原に落ち人取石となったとされる。また『新編会津風土記』には、玄翁和尚に「済度」された殺生石が女の姿で現れ、「仏法擁護の神」として白狐に化身し下り立った地が慶徳稲荷神社であることが記されている。

ダイバ　馬を死なす怪。湖南（郡山市）の湖岸道など、決まった場所に差しかかると、引いている馬が突然狂い出し倒れてしまう。これをダイバの仕業という。ダイバの声は人間には聞こえないが馬には聞こえ、その声と馬が鳴き合わせると、馬は、突然倒れ死んでしまう（『猪苗代湖畔の民話』）。

天狗　会津の山間部を中心に分布する。足が小屋を踏み抜くほどの大足で毛むくじゃら（『三島町史』）という話もあるが、その姿ははっきりしない。誰もいない山中で起こる大岩が転がる、巨木が倒れるような大きく不思議な音は「天狗の仕業」と解される。志津倉山（三島町）には「狗ひん様」という天狗が棲み、時折、山奥から聞こえる音は「狗ひん様の空木かえし」といい（『三島町史』）、川桁（猪苗代町）では天狗が磐梯山と吾妻山のなわばりを決めるために相撲をとる足音だという（『猪苗代湖畔の民話』）。松本（天栄村）の大天狗は、突然、空から大天狗が現れ二つの山にまたがり脱糞すると、不毛の地が肥沃な土地に変わったという（『天栄村史』4）。また天狗に性差があって「天狗の石合戦」は男女の天狗が仲違いし伊南川を挟み石を投げあう説話である（『南会津南郷の民俗』）。

沼御前　会津の金山谷（金山町）にある沼沢沼の奥底に棲む妖怪。『老媼茶話』に記され、登場人物と遭遇する場面では長い髪の若く美しい女性の姿をしている。『老媼茶話』では「沼沢の怪」として、その正体は不明。だが『大沼郡誌』には「古来大蛇を以て主と為し、種々の伝説あり」、また「佐原十郎義連による沼沢沼の大蛇退治の伝説」（『大沼郡誌』）とあり、沼御前の正体が沼沢沼の主である大蛇であったと推察できる。「沼御前」も、水木しげるによりビジュアル化された。

猫魔ヶ岳の化け猫　磐梯山西北にある猫魔ヶ岳（1,404m）に棲む化け猫。ネコマタ（猫又）ともいう。山名はこの山に逃げ込んだ化け猫に由来する。もとは爺様と婆様に飼われた猫で、人の言葉を話し、婆様が固く口止めされた約束を破ると、たちまち大きな化け猫に変身し、婆様に噛みついてくわえ、猫魔ヶ岳に飛んでいってしまう。

磐梯山の手長足長

磐梯山に棲む手足が非常に長い巨人。手足の長い一人の巨人、足が長い夫と手が長い妻の夫婦という説がある。その大きさは磐梯山に腰をかけ、その長い手足は、会津平（会津盆地）や猪苗代湖の対岸湖南（郡山市）までもとどき、磐梯山の上に立てば空の雲をかき集めて太陽の光りを遮り、猪苗代湖の水を会津たいらに撒いては長雨や洪水をおこし凶作を招いた（『猪苗代湖北民俗誌』）。あるとき、旅の僧弘法大師と問答をして、胡麻（豆）粒ほどなった手長足長は印籠（小さな壺、メッパという話もある）に封じ込められ退治される（『福島県文化財報告書第168集』）。また『老媼茶話』の「磐梯山怪物」には顔が5尺（約1.5m）を超え、地震のような地響きの足音をさせる大山伏と大女男女の怪物がいたことが記されている（『老翁茶話』）。

磐梯山の魔魅（まみ）

磐梯山が病悩山（びょうのうさん）とよばれていた頃には、魔魅とよばれた妖怪が棲んでいた。大同元年、磐梯山は大爆発し溶岩は川をせき止め、麓は俄かに大きな湖（猪苗代湖）と化し溺死者を数多く出したのは魔魅の仕業であるとされる。

真っ黒の大入道

古い大狢が化身した妖怪。『老媼茶話』にある。7尺（約2m12cm）ほどの背丈があり姿は真っ黒である。三本杉の清水で大入道が水汲みをする姿を見た柴崎又左衛門は妖しいと思い、刀をぬき一刀にした。すると、その姿は消え、しばらくして八ヶ森で大きな古狢の死骸が見つかった。

山姥のかもじ（髢）

かもじとは髪を結う際に地毛が少ない部分を補う付け毛のことで、現代のエクステンション。山姥のかもじは、山姥から奪い取ったとされる髪の毛の一部であり、これを所有すると山姥の祟りや障りを受ける。山姥のかもじの引き起こす災厄は、かもじを返さなかったことへの怨念であり、取った本人だけではなく、家族、さらにかもじを所有した者やその家族にも及ぶ。また、かもじを見れば働きたくなくなるともいわれる（『猪苗代町史』民俗篇）。

高校野球

福島県高校野球史

　福島県では1881年に野球が伝わったといい，90年安積中学（現在の安積高校）にベース・ボール同好会が結成された．

　97年には福島蚕業学校（現在の福島農蚕），99年に会津中学（現在の会津高校），1900年福島中学（現在の福島高校），03年相馬中学（現在の相馬高校），06年磐城中学（現在の磐城高校），07年石川中学（現在の学法石川高校）と，次々と創部されていった．

　34年福島師範が福島県勢として初めて全国大会に進んだ．戦前には，福島県勢が全国大会で勝つことはできなかった．

　63年夏，磐城高校が初出場で3回戦まで進み，以後，磐城高校は県内で全盛時代を迎え，71年夏の大会では165センチメートルの小柄ながらエースで4番を打つ田村隆寿を擁して甲子園の決勝戦まで進出した．

　73年から1県1校となり，学法石川高校が台頭した．学法石川高校は創部こそ古いものの，あまり良い成績はあげていなかった．しかし，67年に赴任してきた柳沢泰典が監督に就任して一躍強豪となった．以後，磐城高校に代わって，学法石川高校が福島商業とともに県内の高校球界をリードした．

　その後，福島商業に代わって日大東北高校が台頭．76年から99年までの14年間に，この両私立高校が11回も代表となっている．

　2000年福島商業が選抜に選ばれ，南陽工業，北照高校を降してベスト8まで進むと，夏の大会も制して連続出場を果たした．01年，選抜に新たに設けられた「21世紀枠」の最初の代表校に安積高校が選ばれている．

　以後は日大東北高校と聖光学院高校の2強となっていたが，07年からは聖光学院高校が夏の県大会を14連覇，県内ではほぼ無敵の状態で，1強時代が続いている．

磐城高 (いわき市，県立)

春3回・夏7回出場
通算7勝9敗，準優勝1回

1895年尋常中学校分校として創立．99年福島県第二中学校，1901年県立磐城中学校を経て，48年の学制改革で磐城高校となる．

正式創部は06年だが，それ以前から活動していた．18年の第4回東北予選に初参加．甲子園初出場は63年夏で3回戦に進出．71年夏には田村隆寿投手を擁して決勝に進み，準優勝している．75年夏もベスト8．2020年選抜で21世紀枠代表として選ばれたが中止となり，夏の交流試合で国士舘高校と対戦した．

学法石川高 (石川町，私立)

春3回・夏9回出場
通算4勝12敗

1892年石川義塾として創立．1907年石川中学校となり，48年の学制改革で財団法人石川高校となる．51年に学校法人に改組して共学化．県立石川高校があるため，学法石川高校と呼ばれる．

12年に正式に創部．76年選抜で初出場．以後常連校となり，99年夏までに春夏合わせて12回出場した．

聖光学院高 (伊達市，私立)

春5回・夏16回出場
通算23勝21敗

1962年聖光学院工業高校として創立し，79年に聖光学院高校と改称．

創立と同時に活動を開始し，翌63年に正式に創部．2001年夏に甲子園初出場．04年夏に2度目の出場で3回戦まで進むと，07年から夏の県大会で14年連続優勝，13年連続して甲子園に出場し続ける（20年は甲子園大会が中止）など，福島県からの出場を独占している．

帝京安積高 (郡山市，私立)

春0回・夏2回出場
通算0勝2敗

1959年創立の安積商業専門学校が前身．61年に安積商業高校として創立．88年帝京安積高校と改称．

63年創部．安積商時代の79年夏に甲子園初出場．82年夏にも出場した．

日大東北高 (郡山市, 私立)
春0回・夏7回出場
通算1勝7敗

1951年日大東北工業高校として創立. 78年日大東北高校と改称.

51年創部. 87年夏に甲子園初出場, 90年夏には初勝利もあげた. 96年夏からは3年連続して夏の甲子園に出場している.

福島商 (福島市, 県立)
春3回・夏8回出場
通算6勝11敗

1897年町立福島商業補習学校として創立. 1907年福島市立商業学校となり, 22年県立に移管. 44年工業学校が併置され, 46年に県立福島商業工業学校と改称. 48年の学制改革で県立福島商工高校となり, 49年には市立福島女子商業高校を統合して, 50年福島商業高校と改称.

22年創部. 51年夏に甲子園に初出場. 71年選抜で初勝利をあげると, ベスト8まで進出した. 77年夏には三浦広之, 81年夏には古溝克之といった好投手を擁してともに初戦を突破している. 2000年選抜でもベスト8まで進んだ.

双葉高 (双葉町, 県立)
春0回・夏3回出場
通算2勝3敗

1923年県立双葉中学校として創立. 48年の学制改革で双葉高校となる. 2011年東日本大震災で同校での授業が困難となり, 15年県立ふたば未来学園高校が開校. 17年に休校となった.

24年創部. 73年夏に甲子園初出場, 80年に初勝利をあげた. 94年夏も初戦を突破している.

㉝福島県大会結果（平成以降）

	優勝校	スコア	準優勝校	ベスト4		甲子園成績
1989年	学法石川高	4－2	磐城高	安積高	湯本高	初戦敗退
1990年	日大東北高	3－2	磐城高	福島商	湯本高	2回戦
1991年	学法石川高	5－2	双葉高	本宮高	原町高	2回戦
1992年	郡山高	5－1	湯本高	相馬高	白河高	初戦敗退
1993年	学法石川高	7－1	東白川農商	福島北高	双葉高	初戦敗退
1994年	双葉高	4－2	福島商	日大東北高	福島東高	3回戦
1995年	磐城高	6－3	郡山高	福島商	聖光学院高	初戦敗退
1996年	日大東北高	6－0	勿来工	郡山商	須賀川高	初戦敗退
1997年	日大東北高	8－6	学法石川高	平工	清陵情報高	初戦敗退
1998年	日大東北高	3－2	学法石川高	会津工	二本松工	初戦敗退
1999年	学法石川高	9－8	日大東北高	福島商	光南高	初戦敗退
2000年	福島商	5－1	光南高	学法石川高	会津工	初戦敗退
2001年	聖光学院高	8－7	日大東北高	勿来高	磐城高	初戦敗退
2002年	日大東北高	8－7	学法石川高	会津高	小高工	初戦敗退
2003年	日大東北高	3－0	聖光学院高	安達高	二本松工	初戦敗退
2004年	聖光学院高	5－1	清陵情報高	双葉高	安積高	3回戦
2005年	聖光学院高	4－0	学法石川高	湯本高	安積高	2回戦
2006年	光南高	4－2	日大東北高	湯本高	郡山高	初戦敗退
2007年	聖光学院高	4－3	日大東北高	東日大昌平高	福島商	3回戦
2008年	聖光学院高	4－3	郡山商	小高工	湯本高	ベスト8
2009年	聖光学院高	5－3	東日大昌平高	光南高	日大東北高	初戦敗退
2010年	聖光学院高	3－0	光南高	小高工	白河高	ベスト8
2011年	聖光学院高	4－0	須賀川高	いわき光洋高	小高工	2回戦
2012年	聖光学院高	14－2	学法石川高	光南高	須賀川高	2回戦
2013年	聖光学院高	5－4	日大東北高	小高工	福島東高	2回戦
2014年	聖光学院高	7－6	日大東北高	いわき光洋高	白河高	ベスト8
2015年	聖光学院高	3－2	日大東北高	福島工	福島商	初戦敗退
2016年	聖光学院高	6－5	光南高	日大東北高	学法福島高	ベスト8
2017年	聖光学院高	5－4	いわき光洋高	日大東北高	福島商	3回戦
2018年	聖光学院高	15－2	福島商	いわき海星高	湯本高	初戦敗退
2019年	聖光学院高	2－0	日大東北高	光南高	東日大昌平高	初戦敗退
2020年	聖光学院高	6－0	光南高	福島成蹊高	須賀川高	（中止）

やきもの

会津本郷焼（鰊鉢）

　関東地方以北には大きな窯場が少ない。粘土や運搬路の関係は無論のこと、冬期の寒い気候が大きく関係していることは、これまでにも述べた。冷え込みが厳しければ、粘土中の水分が凍って成形したものが割れてしまう。割れずとも、わずかでも凍った部分があると、窯に入れて焼けば形が崩れてしまう。そのため、冬場は仕事がはかどらない。気候条件が、東北地方のやきものの発展を著しく妨げたのである。

　しかし、福島県内でも、阿武隈山地の麓に当たる相馬地方は、一年を通じて緑が豊かであった。また、太平洋に面して黒潮の流れに近く、温暖な気候を有していた。むろん雪に埋もれることもなく、江戸時代から窯場が活気づいた。当時、大堀村を中心に100軒もの家が陶器づくりを行なっていた、という。鉄道が開通した明治末期頃からは、全国に販路を広げるようにもなった。

　なお、やきものづくりに必要不可欠な良質の長石が近年まで阿武隈山地から産出したことも、特筆しておかなくてはならない。俗に福島長石といって、釉薬を滑らかに溶かして艶をだすのに各地の窯場で重用されたものである。

主なやきもの

会津本郷焼

　会津本郷は、内陸にあって冬は雪深い。そこに本郷焼の窯が開かれたのは、江戸時代初期に当たる正保年間（1644〜48年）といわれる。播磨国（兵庫県）から瓦工を招き、黒川城（会津若松城）の屋根瓦を焼かせた

のが始まり、という。

　文献上で明らかなのは、正保2（1645）年に瀬戸（愛知県）の陶工水野源左衛門が会津藩主保科氏に招かれ、本郷村に窯を開き、茶陶を焼いた、とある（『新編会津風土記』所収の「陶家先祖覚書」）。しかし、藩用窯という割には、その雅器の残存例は少ない。

　その後、寛政年間（1789〜1801年）には、会津藩が肥前有田（佐賀県）から磁器の技術を入れて藩営産業としている。新製瀬戸役場の管理の下で磁器製造が行なわれたが、還元焼成にはいたらず、白磁の焼成が緒につくのは天保年間（1830〜44年）のこととされる。しかし、それからの発展は、目覚ましかった。

　その主流は磁器の袋物であった。袋物というのは、平物（碗や皿）に対する言葉で、徳利や土瓶・急須のことである。その原料は、地元の大久保山から出る陶石が使われた。有田や瀬戸（愛知県）辺りの原料に比べると可塑性が強く、その部分は陶器原料（粘土）に近かった。故に、袋物をつくるのに適していたのである。

　特に、明治期から大正時代にかけては、輸出用の土瓶が多くつくられた。横浜の貿易商が扱ったので俗に浜物と呼ばれ、アメリカやヨーロッパに出ていった。むろん、デザインにも後手付きとか茶漉付きとかの応用がなされた。

　また、明治23（1890）年からは他の窯場に先駆けて碍子が量産された。碍子生産は早くから企業化され、ほとんど日本中の市場を独占するほどになった。それで、会津本郷焼の名が一躍高まったのである。

　だが、旧来の袋物づくりは次第に廃れていった。それは、大正5（1916）年の大火（約200戸が焼失）や戦争（第2次大戦）で窯場の規模を縮小せざるを得なかったこともあるが、戦後の近代化に窯元が順応できなかったからでもある。つまり、鋳型成形や転写絵付、あるいはガス窯や電気窯などの技術的な近代化、成形と絵付の一本化（企業化）が他より遅れたのだ。そして、デザイン面でも波佐見（長崎県）や瀬戸の袋物の後追いをすることになった。ひとことでいうならば、問屋の手窯（問屋から融資してもらい、その注文通りに焼く方法）に甘んじた窯元がほとんど

であったから、自立が容易ではなかったのだ。

　現在、本郷には宗像窯や富三窯をはじめ14の窯元がある。そのうち磁器を専門に焼くのは1軒だけ。後は陶器窯である。陶器窯では、明治期以降のものでは、生活雑器が圧倒的に多い。甕・壺・鉢などで、がっしりと厚手につくられたものが目につく。灰釉や鉄釉が貴調となっているが、中には白っぽい灰釉地に緑の銅釉を流し掛けて見映えがするものもある。

　本郷焼の陶器で独特の形は方形の鉢である。鰊鉢という。会津地方ではさまざまな保存食の発達をみたが、その一つに身欠き鰊の酢漬けがある。その専用の容器が鰊鉢であるが、ニシンの平均体長に合わせてつくられたもので、誠に機能的である。今日でも、会津地方の民家の台所には不可欠な容器として伝わっている。

相馬駒焼と大堀相馬焼

　福島県でのもう一つのやきものの産地は、浜通りの相馬地方である。そこに相馬駒焼と大堀相馬焼の窯場がある。比較的温暖な気候に恵まれたその窯場は、東北地方にありながら環境・規模が共に西日本型であるといえよう。

　相馬駒焼は、相馬市中村で江戸前期に開窯した、と伝わる。元は相馬藩の御庭焼で、京焼の雅風を伝え、茶陶や酒器を中心に焼いてきた。当然、相馬藩主の江戸における交際範囲への流通が多く、地元に残存するものが少ない。

　その系譜を伝える窯は1軒だけ、現在は相馬市の市街地にあり、薄手の茶器や酒器に走り駒（馬）の絵付を伝えている。ただ、福島県重要民俗資料にも指定されている、東北地方に類例をみない登り窯（江戸中期に築窯）は、周辺に人家が密集したせいで最近は十分に活用されていない。相馬駒焼のしっとりした黄土色の、光線の加減によっては鶯色にも見える化粧釉の発色は、登り窯で焼かないとかなわないそうである。

　もう一方の大堀相馬焼は、17世紀に相馬駒焼から分かれて大堀（双葉郡浪江町）に民窯として開かれた、と愛宕神社境内の「嘉積翁碑」（文久

3〈1863〉年建）に記さている。相馬焼といえば、灰緑色の肌に鉄釉や金色で走り駒の絵付がなされた急須や湯呑茶碗が代表的である。他に 丼鉢や燗徳利など、また大型の飾り壺もみられる。いずれも磁器に近い硬質なもので、釉薬面に貫入（細かいひび割れ）が入っているものが多い。こうした技術は、益子焼（栃木県）などにも影響を与えている。

大堀相馬焼は、昭和の初めごろまでは小さな窯場であったが、戦後（第2次大戦後）に始まったアメリカ向けの輸出によって窯場が拡大していった。以後、オイルショック（昭和40年代後半）までの約20年間が全盛期で、特にインテリア用品として大型の飾り壺が量産された。その後は、昭和53（1978）年には通産省の伝統的工芸品の指定を受けて、駒絵と青ひび（貫入）をよく伝えてきた。

しかし、平成23（2011）年3月の東日本大震災による原発事故により23軒あった窯元は、全て県外に避難を余儀なくされた。が、その後、南相馬市や郡山市、会津地方の他、県外（愛知県や大分県など）で窯の再建を図った窯元もある、というが、不幸なできごとであった。

館ノ下焼

相馬中村城（現・相馬市）の相馬藩家老岡田堅物の「岩崎の館」の下に開かれた窯である。江戸中期に開窯されたとされるが、定かではない。その時期、藩窯である相馬駒焼とは別に、その一帯で民窯による製陶がなされているので、おそらくこうした窯から発展したものであろう。製品は、皿や鉢、壺、甕などの大型のものが主体で、黒釉地に白濁釉を流し掛けしたものが多い。

明治以降は、相馬駒焼や大堀相馬焼に似せた製品の他に、土管や蛸壺などもつくったが、昭和23（1948）年に閉窯となった。

なお、福島県内には、他にも二本松万古焼（二本松市）、赤井焼（いわき市）、福良焼（岩瀬郡）など、歴史からみると新興のやきものがある。

Topics ● 鰊鉢と山椒漬け

　会津の食文化と切っても切り離せないのが鰊鉢。会津を代表する「ニシンの山椒漬け」をつくるための陶器である。

　鰊鉢を焼くには、表面に飴釉を塗る。飴釉は、他の釉薬と比較して焼き上がりの後の冷め貫入が少なく、油染みや水漏れが少ない。それに、塩分や酸にも強いので、醤油や酢などの漬け汁に鰊を漬け込むこの調理には最適なのである。さらに、厚手の陶器は、器自体が外気に合わせるかたちで温度や湿度の調整ができるので、漬け汁が熟成され、鰊のうまみも増していくのである。

　鰊鉢は実用ばかりでなく、その形が単純だが美しくもある。会津の風土が育んだ「美」といえるかもしれない。それを証明するかのように、昭和33（1958）年、ベルギーで開催されたブリュッセル万国博覧会でグランプリを受賞した。「用」と「美」を兼ね備えた鰊鉢は、今も会津を代表するやきものとなっている。

　また、鰊の山椒漬けやすしを盛る大型の皿も本郷で焼かれており、酒器ともどもに地元の宴席では重用されてきたことも付記しておきたい。

IV

風景の文化編

地名由来

「福島市」の存在感の無さ

　福島県ほどまとまりのない県も珍しい。東北新幹線が走っている地域は「中通り」、常磐線が走っている地域は「浜通り」、そして西に位置する「会津」は別世界といった感じである。様々な会合もこの3つのエリアごとに開催されると聞いたことがある。とにかくこの3つのエリアを1つにまとめるのは大変なことなのだという。

　この福島県では県庁所在地の福島市の存在感が薄いのが気にかかる。最大の都市というと郡山市で、この地域は関東に近いこともあって住民の意識は「関東」に近いとも言われる。

　県名の問題に関しては、言うまでもなく、戊辰戦争で会津が降伏したことが最大の原因となっている。新政府は朝敵の藩の名前を採用しなかったため、「会津県」という名前をつけることはできなかった。

　慶応4年（1868）1月の鳥羽・伏見の戦いに始まった戊辰戦争は会津で最大の山場を迎えたが、同年9月、ついに会津城は落城して城を明け渡すことになった。会津藩は江戸期において23万石の大藩で、その規模から見ても仙台藩に次ぐ雄藩であったが、敗戦により土地は没収され、多くの士族が辺境の地、下北半島に追われ、過酷な環境での生活を強いられたのは余りにも有名である。

　当時の「福島藩」は5万石程度の小藩でしかなかった。しかも、この藩は会津藩の分家のような存在であった。

　会津藩の発展に貢献した蒲生氏郷（がもううじさと）（1556～95）は近江国蒲生郡の生まれで、秀吉に加担して小田原を攻め滅ぼし、その戦功によって会津藩42万石を賜った。そして、翌年にかけて奥州各地を平定して、92万石という巨大な藩を形成した。江戸時代には23万石に抑えられたものの、もともとは断トツの大藩だったのである。その氏郷が信夫郡のうち5万石を木村吉清に与えたのが福島藩の起こりである。

吉清はもともと大森城に入ったのだが、その後「杉妻城」に移り、名を改めて「福島城」とした。なぜ「福島城」にしたのかは不明だが、もともとはこの地は湿地帯を意味する「フケ」ではなかったかと推察される。現在の県庁の辺りが福島城のあった地域だが、阿武隈川に近接していて「フケ島」といった地形のところではなかったか。それを縁起のよい「福島」に変えたのであろう。

　一方、「会津」は以下に述べるように、古代の伝説が残っている地域であり、本来は県名も「会津県」のほうが相応しいとも思うのだが、今になっては昔を偲ぶのみである。

とっておきの地名

①会津

『古事記』崇神天皇の条に次の記述がある。
「大毗古の命は、先の命のまにまに、高志の国に罷り行きき。しかして、東の方より遣はさえし建沼河別とその父大毗古と共に、相津に往き遇ひき。かれ、そこを相津といふ」

　意味はこうなる。「大毗古の命は勅命に従い、北陸地方平定のために下向した。そして、東の東海道を経て派遣された建沼河別とその父に当たる親子は相津でたまたま遭遇した。そこで、そこを相津と呼んだ」。

　推定千数百年も前の話だが、このように四大将軍と呼ばれた親子二人の将軍がこの地で遭遇したことから「相津」という地名が生まれ、それが後に「会津」に転訛したと考えると、いかにこの地が重要な地点であったかも理解されよう。会津市内に鎮座する伊佐須美神社は奥州二宮、岩代一宮と知られるが、その創起はこの相津伝説にまでさかのぼるという。

　「相津」「会津」がなぜ「津」という港を意味する文字を使用しているかだが、当時は会津盆地は湖であったと考えられている。現在は盆地でもかつては湖であったと推定されているところに、「奈良盆地」（奈良県）「松本盆地」（長野県）などがある。

②安達太良山

県中央部にある火山であり、中通りでは最も存在感のある山並みである。安達太良山は標高1,700メートルで、最高峰の箕輪山は1,728メートルである。『万葉集』では、東北地方の歌8首のうち3首が安達太良山を詠んでいる。

安達多良の嶺に伏す鹿猪のありつつも
　　　　吾は到らむ寝處な去りそね

　さて、この「安達太良」の意味は何か。これまでいろいろ言われてきているが、これは間違いなく「安達太郎」に由来すると考えてよい。『大日本地名辞書』においても、この山がかつて「安達太郎火山」と称されていたことを示している。この地は安達郡と呼ばれていたところで、その地でいちばんの山という意味である。利根川を「坂東太郎」と呼ぶのと同じ理屈である。

③喜多方（きたかた）

　ラーメンの町「喜多方」である。人口3万人余りの町にラーメン店だけでも130軒もあるという。元祖は源来軒を始めた潘欽星（ばんきんせい）という人物である。潘さんは明治40年（1907）浙江省の生まれで、大正の末におじさんを訪ねて来日したが、見つからず、ようやくこの喜多方でめぐり会ったのだという。

　「喜多方」というと、もとは「北方」の意味と思われるが、この「北方」という地名は「ボッケ」と読まれることが多く、意味は「崖」のことである。これは全国に散在する。ところが、この「喜多方」の場合は、崖ではなく、文字通り「北の方」の意味である。昔から会津地方の北の方を「北方」と呼んでいたとのこと。阿賀野川の支流の日橋川の北の方をそう呼んでいた。現在わかっているところでは、戦国時代の天文8年（1539）に「北方」という地名が確認されている。

　その「北方」が現在の「喜多方」に変わったのは、明治8年（1875）のこと。「北方」の中心にあった5村が合併する時、「喜びが多い」という意味で「喜多方町」と名づけたという。

④郡山（こおりやま）

　県下最大の都市だが、その由来は極めて明確である。「郡」と書いて「こおり」と読む地名は全国に多数存在する。その由来は、律令時代の国・郡・郷・里の「郡」の中心で郡衙が置かれたことにちなむものである。郡山市の場合は、陸奥国安積郡（あさかのこおり）の郡衙が置かれたところであった。

　現代では「郡」を「ぐん」と読むので、ちょっと理解しがたいかもしれないが、律令時代には「郡」は「こおり」と読んでいたので、すんなりわ

かってもらえるであろう。伊達郡に「桑折町」という町があるが、これも間違いなく伊達郡の郡衙が置かれたことに由来すると考えてよい。

⑤勿来（なこそ）　相当な難読地名と言ってもよいが、いかにも歴史的情緒を感じさせる地名である。この地名は、古来この地に置かれたという「勿来の関」に由来する。大和朝廷が平定した蝦夷地との境に関所が3か所設けられた。浜通りの「勿来の関」（いわき市）と中通りの「白河の関」（白河市）、そして「念珠ヶ関」（山形県鶴岡市）である。念珠ヶ関はやや北に位置するが、勿来の関と白河の関はほぼ北緯37度に位置しており、この線がかつての大和朝廷と先住民の境界線だったと考えられている。

　白河の関と勿来の関は承和2年（835）12月の太政官付に、「剗を置いてから四百余年」と書かれているところから、およそ4世紀末から5世紀初頭に当たるのではないかと推測される。

　国道6号線から山道を登って1キロメートルも行ったところに勿来の関公園はある。近くにある勿来文学歴史館には、古来伝えられている和歌がいくつも紹介されている。その中の1つ…。

　　　吹く風を勿来の関と思へども
　　　　　　道もせに散る山桜かな　　　（源義家）

⑥二本松（にほんまつ）　二本松というと、戊辰戦争時の少年隊の悲劇がすぐ浮かぶ。二本松城の入口に少年隊の勇敢に戦う姿が銅像になって再現されており、心を痛める。二本松城は別名「霞ヶ城」とも言い、現在は霞ヶ城公園として整備されている。本丸はかなり高い山の上にあり、当時の城壁などが再現されている。

　二本松城は奥州探題畠山氏の7代畠山満泰が築いた城である。嘉吉年間（1441～44）のことと言われる。当時、この城の本丸に二本の霊松があったことから二本松城と呼ばれ、また畠山氏も二本松畠山氏と呼ばれたという。

　「二本松」というこの手の地名は極めてわかりやすく、二本の松があったこと以外に解釈しようはない。東京の「六本木」も六本の松の木によると考えられ、その他の解釈は難しい。

　面白いのは同じ二本松市内に（といっても二本松城とはかなり離れてい

るが)、「四本松城」という城もあった。だが、こちらは「二本松城」に対してつけられた名前で、本来は「塩松城」であったらしい。

⑦ **坂下**（ばんげ）　現在の「会津坂下町」である。蕎麦や馬刺しのほか、日本酒の生産でも広く知られる。アイヌ語説や坂下に当たるからという説もあるが、ここは明確に「ハケ」「ハゲ」「ボッケ」などの「崖」地名であると言ってよいだろう。「崖」地名に「坂下」（さかした）という漢字を当てたことは今から見ればヒットと言ってよい。

江戸時代にはすでに「坂下村」が「坂下宿」として、越後街道の宿場として栄えた。明治10年（1877）に「坂下町」となり、昭和30年（1955）には「八幡村」「若宮村」「金上村」「広瀬村」「川西村」と合併して「会津坂下町」となった。

⑧ **霊山**（りょうぜん）　「霊山町」（りょうぜんまち）はかつて伊達郡にあった町。平成18年（2006）同じ伊達郡にあった「伊達町」（だてまち）「梁川町」（やながわまち）「保原町」（ほばらまち）「月舘町」（つきだてまち）と合併して「伊達市」になったことで消滅した。もともとこの地にある「霊山」（標高825メートル）という山の名に由来する。霊山という山の名称は、その昔、慈覚大師円仁が天竺の霊鷲山にちなんで霊山寺を開いたことによる。霊山寺は「北の叡山」とも呼ばれ、山の上に壮大な寺院が形成されたという。「霊山寺縁起」によると、盛時には3,600の坊があったと伝えられる。

中世になると、霊山寺の伽藍を利用した霊山寺城が築かれた。建武4年（1337）陸奥国司北畠顕家が義良親王（後の後村上天皇）を奉じて入山し、城郭として整備して南朝方の拠点となった。

難読地名の由来

a. 「蝦貫」（福島市）b. 「日下石」（相馬市）c. 「木賊」（南会津郡南会津町）d. 「信夫山」（福島市）e. 「微温湯」（福島市）f. 「合戦坂」（白河市）g. 「背炙山」（会津若松市）h. 「鬼生田」（郡山市）i. 「曲田」（会津坂下町）j. 「鴻草」（双葉郡双葉町）

【正解】

a.「えぞぬき」（何らかの意味で蝦夷討伐と関連あるか）**b.**「にっけし」（太陽の動きに関連があるか）**c.**「とくさ」（トクサという植物名から）**d.**「しのぶやま」（東から熊野山・羽黒山・羽山の三峰からなり、山岳信仰による）**e.**「ぬるゆ」（文字通り、ぬるい温泉から）**f.**「こうせんざか」（何らかの合戦に由来するものと考えられる）**g.**「せあぶりやま」（朝は東から登る太陽を、夕方は夕陽を背に浴びて家路についたところから）**h.**「おにうた」（坂上田村麻呂に追い詰められた鬼が、鬼の子を捨てて逃げたという伝承による）**i.**「まがりだ」（文字通り曲った田による）**j.**「こうのくさ」（葉が「おおとり」に似た草に由来するか）

商店街

大町商店街（郡山市）

福島県の商店街の概観

　福島県は東から太平洋岸の浜通り、中央部の中通り、内陸の会津に地域区分され、浜通りのいわき市、中通りの福島市と郡山市、会津の会津若松市が各地域の中心都市となる。4都市以外では、浜通りでは南相馬市（原町）、中通りでは伊達市、二本松市、須賀川市、白河市、会津では喜多方市が副次的中心になっている。2014年の「商業統計調査」によれば、小売業年間販売額第1位は郡山市で、県全体の20.7％を占めており、いわき市（18.2％）、福島市（17.4％）がこれに拮抗し、会津若松市は8.5％である。ほかの都市は会津若松市の半分以下で、4都市を中心とした圏域が分立している。

　福島県でも、まちづくり三法による中心市街地の空洞化、地域商業の衰退が問題化してきたため、2005年に「福島県商業まちづくりの推進に関する条例」を制定し、翌年「福島県商業まちづくり基本方針」を策定した（2013年改訂）。「歩いて暮らせるコンパクトなまちづくり」など5つの基本的考え方、身近な場所で最寄品を買えるまちづくりや買い物を通して暮らしの充実が実感できるまちづくりなどの方向を示すとともに、店舗面積6,000m^2（場合によっては延べ面積1万m^2）以上の特定小売業施設については立地を誘導／抑制することを地域貢献活動計画が求めており、全国的に注目されている。『商業統計表』によれば、県内には304の商業集積地が挙げられているが、他県と比較して、ショッピングセンターなどの集積地が少ないのが特徴である。その理由の1つとして、上述のような県および市町村の施策があると考えられる。

　福島市、郡山市、いわき市の中心商店街はほぼ同規模の商店街で、それぞれ県北、県南、浜通りに商圏を広げて鼎立しているが、成り立ちや都市機能の違いもあって、中心商店街の様相は異なり、地域的特徴が見られる。

　【注】この項目の内容は出典刊行時（2019年）のものです

県内最大の城下町で産業化による変化が小さかった会津若松市は、歴史的街並みがよく残っている。現在の中心商店街は「神明通り商店街」になるが、本書では歴史的街並みを活かして復活した「七日町通り商店街」を紹介する。会津地方では蔵の街、ラーメンによるまちおこしで知られる喜多方市のほか、猪苗代町、会津坂下町の商店街が比較的大きい。中通りでは、二本松市「本町銀座」、須賀川市の陸羽街道と牡丹園通りの交差点周辺、白河市「中央商店街」一帯、田村市常葉町「中央商店街」、三春町などの商店街がある。浜通り北部では南相馬市原町の「栄町商店街」、南部ではいわき市小名浜の商店街が比較的規模が大きかったが、後者は2011年3月11日の東日本大震災の津波により壊滅的な被害を受け、前者も震災と原発災害により大きな影響を受けている。

　東日本大震災後、福島県では中小企業基盤整備機構により仮設商店街が14カ所開設された。2017年5月末日現在、なお13カ所が継続されており、他県と比較して撤去されたものが少なく、原発災害が商店街に及ぼした影響の深刻さがうかがえる。浜通り以外の商店街でも、震災直後から除染作業や来街者の呼戻しに取り組み、回復へ向かっているが、なお風評などの課題を抱えている。

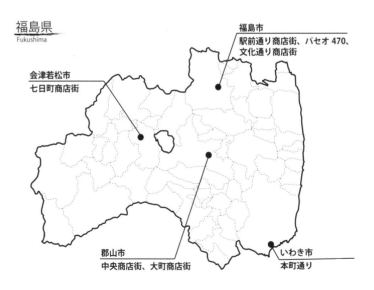

福島県
Fukushima

福島市
駅前通り商店街、パセオ470、
文化通り商店街

会津若松市
七日町商店街

郡山市
中央商店街、大町商店街

いわき市
本町通り

駅前通り商店街、パセオ 470、文化通り商店街（福島市）
―個性的な通りが縦横に走る中心商店街―

　福島市の中心商業地は福島駅の東側に広がっている。東口右手の百貨店中合は1973年に市内の大町から移転してきたもので、以後、大型商業施設が駅前に相次いで開店し、福島市の顔となった。大型商業施設にはさまれるように存在するのが駅前通り商店街で、アーケードの老朽化や歩道の傾斜が目立つようになったことから、アーケードを撤去し、れんが基調のファサード整備による街並み整備工事が行われ、2018年に完成した。駅前通り商店街を抜けると南北に走る信夫通りに出る。信夫通りの約300 m東の県庁通り、東西に走る平和通りと万世町通りに囲まれた範囲が商店密度の高い地区で、南北のパセオ通り、東西のレンガ通り、並木通り、文化通り、中央通りの各通りに商店街が形成されている。ここではパセオ通りと文化通りを中心に紹介しよう。

　信夫通りの一筋東のパセオ通りは市内で最も賑わう繁華街で、以前は「スズラン通り」と呼ばれていた。1989年にコミュニティ道路に生まれ変わり、商店のファサードも一新したのを機に「パセオ通り」と呼ばれるようになった。平和通りと万世町通りの間が470 mであることから「パセオ470」と呼ばれることもある。緩やかに蛇行する車道が特徴的で、街路樹や彫像の置かれた歩道に面して約70店が並び、陶器店や楽器店、メガネ店など古くからの商店も多い。もう1つの南北の通り、県庁通りは公共施設や学校の多い通りであるが、帽子、革製品、和雑貨を扱う店舗が珍しい。

　東西の通りでは、駅前通り商店街の延長になるレンガ通りは、日銀福島支店をはじめ金融機関の多い通りで、商店は少ない。西端のまちなか広場はスーパーマーケット・エンドーチェーンの跡地である。レンガ通りの北、並木通りもれんが舗装がされた通りで、飲食店のほかに写真館やブティックなど20店ほどがある。その北、文化通り商店街は、東にある福島稲荷神社の参道商店街として古くから親しまれ、かつては「石屋小路」と呼ばれ、石屋や桶屋などもあった。250 mほどの長さの通りの両側に比較的小さな店舗が70店ほど並んでいる。食料品店や衣料品店など様々な業種があるが、古くからこの通りで営業している店は少ない。間口が狭いためテナントとしてオープンしやすく、最近は若者向けの衣料品店が増えている。

夕暮れ時には歩行者天国になり、そぞろ歩きが楽しめる。また、10月第2日曜日の稲荷神社の例大祭には露店が立ち並び、大勢の人で賑わう。稲荷神社の北の北裡はかつての花街で、劇場や映画館の多い娯楽地区で、ミシン、自転車、食器、表具など昔ながらの商店も存在する。異なった個性的な姿を見せる中心商店街である。

中央商店街、大町商店街（郡山市）
—他業種も参加する中心商店街の取組み—

　陸羽街道（奥州街道）の宿場町から発達した郡山の中心商店街で、北から大町商店街、中央商店街と並び、その南は本町商店街に続き、郡山駅方面へ駅前大通り商店街が伸びる。全体で200近い店舗があり、駅前を中心に飲食店も集積している。1887年の東北本線上野-郡山間の鉄道開通に始まり、磐越西線、磐越東線が集まる郡山は、鉄道交通の中心として発達し、商業機能も集積してきた。郡山駅前から西へ伸びるさくら通りは、戦時中の強制疎開で幅員が32mに拡幅されたもので、通りの北と南では間口の大きさが異なっている。北側には現在は歓楽街となっている駅前アーケードがあり、その北には映画館が2館ある。さくら通り東南角にあった丸井郡山店跡には、2017年にホテルがオープンした。

　陸羽街道沿いのさくら通りより北が大町商店街、南が中央商店街になるが、さくら通りが広いため2つの商店街の一体性は弱いと言われている。大町商店街は、呉服、布団、瀬戸物、時計から生花、精肉、米穀まで多彩な商店が存在する商店街であるが、住宅や空き地も混在し、近年は飲食店が増加している。2008年には、商店街が運営するショッピングモール「おおまちネット」を立ち上げ、物販店だけでなく旅行代理店や不動産業者など20店ほどが参加しており、ほかのネットショップでは手に入らないような珍しい商品も扱っている。

　中央商店街は最も中心的な商店街と言え、1938年にはうすい百貨店が開店し、1969年からイトーヨーカドーも店舗を構えていた。イトーヨーカドーは撤退したが、百貨店やホテル、立体駐車場など規模の大きい施設が多く、そのなかに呉服店や洋装店、時計・メガネ店などの買回り品店が存在する。2004年の道路高質化事業で、歩道の石畳舗装化、電線地中化、収納式ボラード（歩車道の境を示す円筒柱）の取付けなどにより景観を一新し、「なかまち夢通り」と呼ばれるようになった。「エレガントでダンディーな街」をコンセプトにしたユニバーサルデザインのまちづくりに取

り組んでいる。また、2013年から駅前大通り商店街と連携して、百貨店や病院、郵便局なども参加して一店逸品運動「郡山べっぴん」をスタートさせ、商店では商品陳列や品揃えを見直すきっかけになったと言われている。

七日町商店街（会津若松市）

―再生なった大正浪漫漂う商店街―

　城下町時代からの交通の中心であった大町四ツ角から国道252号線沿い、JR只見線七日町駅付近までの商店街。城下への西の出入口に当たる越後街道（米沢街道、下野街道）沿いには多くの問屋や旅籠が並んでいた。1934年に七日町駅が設置され、会津一の繁華街として賑わっていたと言われている。1960年頃には東の神明通りにデパートやスーパーマーケットなどの大型商業施設が開店し、商業の中心はそちらに移っていった。モータリゼーションとともに来街者が減少し、近代化の波に乗り遅れた本商店街では、廃業が相次ぎ、一時は商店街としての呈をなさない状態であったと言われている。

　そのような状況のもと、1994年に「七日町通りまちなみ協議会」が発足し、明治から昭和初期の歴史ある建物を活かした街並みづくりに取り組んできた。七日町通りを3つの地区に分け、地区単位で街並み協定を結んで建物を修景し、大正浪漫漂う街並みが形成された。一方、商店も建物を隠していた看板を撤去し、業種転換を行うなどして商店街を復活させた。造り酒屋、漆器、味噌・醤油といった会津の地場産業関連の蔵や資料館が整備され、郷土料理、和食、フレンチなど多様な飲食店、菓子、民芸品などが並び、空き店舗は減少した。また、七日町駅舎も2002年に改修され、アンテナショップを兼ねた駅カフェがオープンした。

　大町四ツ角を少し南へ行くと野口英世青春館があり、東へ行けば、神明通り商店街を越えて鶴ヶ城公園に至る。徒歩でも良し観光向けバスでも良し、会津若松観光の際にぜひ立ち寄ってみたいところである。

本町通り（いわき市）

―浜通りの中心都市の商店街―

　県南東部に位置するいわき市は浜通りの中心都市で、その中核が江戸時代の城下町に起源を持つ平で、いわき駅の北に城跡が残っている。1897年に日本鉄道磐城線（現・常磐線）が開通すると、近隣で産出される石炭積出港となり、商家や銀行、娯楽施設などが集積した。1917年の磐越東線

の全通により中通りとの往来が本格化し、中心性がさらに高まった。戦後は、新産業都市の指定を受けて、電機、化学等の工業都市へシフトし、人口では県下第1の都市に発展した。

　中心商業地は駅の南に広がっており、商業地区の南は市役所や県の合同庁舎などがある官庁地区になっている。10を超える商店街があるが、最も中心的なのが駅から約200m南の本町通り沿いの商店街で、ワシントンホテルから東へ1丁目から5丁目まである。洋品店、呉服店、楽器店などの買回り品店のほか銀行やホテルなどが並ぶ通りは、いわき市を代表する商店街にふさわしい。駅前通りより西側はタイル敷きの歩道が広くとられており、随所に商店街指定の駐車場が設けられている。イトーヨーカドー（1971年開店）のほか、中心商業地にも大型店が立地するが、郊外におけるショッピングセンターの出店により客足は減少し、本町通り商店街でも東のほうで空き店舗が目立つようになっている。

花風景

須賀川牡丹園のボタン

地域の特色

　かつては東北地方の入口に当たる白河の関があった。東から海岸低地帯の浜通り、阿武隈高地沿い平野・盆地の中通り、盆地・湖岸平野の会津と3地域に大別され、西部は奥羽山脈と火山帯が占める。東西に長く、県土はわが国3位の広い県である。県最高峰の燧ケ岳（2,346メートル）山麓には尾瀬沼が広がる。近世には会津若松に徳川氏一族の会津藩が、中通りには福島、二本松、白河などの各藩が支配した。平成時代には東日本大震災の原発事故があった。太平洋側と日本海側の冷温帯の気候を示している。

　花風景は、古代からの古木・近世の城郭跡の公園・花木生産地の公園・原発事故の被災地・鉄道廃線跡自転車道などのサクラ名所、寺院の古代ハス、なりわいの花、山岳の草原植物や湿原植物などが特徴的である。

　県花はNHKなどが公募で選んだツツジ科ツツジ属の常緑広葉樹のネモトシャクナゲ（根本石楠花）である。白色や薄紅色の花を八重につけるハクサンシャクナゲの変種である。吾妻山や安達太良山に群生し、「吾妻山ヤエハクサンシャクナゲ自生地」として国指定天然記念物になっている。ネモトは発見者中原源治の恩師の植物学者根本莞爾の名だといわれる。

主な花風景

三春の滝桜　＊春、天然記念物、日本さくら名所100選

　三春滝桜は、田村郡三春町に所在する樹齢推定1,000年を超えるベニシダレザクラの巨木で日本三大桜の一つである。樹高12メートル、根回り11メートル、幹周り9.5メートル、枝張り東西22メートル・南北18メートルの巨大なサクラである。四方に広げた枝から薄紅の花が流れ落ちる滝のように咲き匂うことからこの名がある。1922（大正11）年国の天然記念物に指定された。

　凡例　＊：観賞最適季節、国立・国定公園、国指定の史跡・名勝・天然記念物、日本遺産、世界遺産・ラムサール条約登録湿地、日本さくら名所100選などを示した

滝桜は、桜久保というくぼ地にあって、強風を避けることができ、日だまりの中で周りの畑の栄養分をもらっていたことや昔から人々の滝桜に対する愛護の気持ちによって守られてきた。滝桜は、江戸時代の頃京の都にすむ公家や歌人の間でも評判になり「名に高き三春のさとの滝桜そらにもつづく花の白波」などと歌に詠まれている。1996（平成8）年春、極端に花付が悪くなったため、「三春滝桜」の保全計画が策定され、以後継続的に樹勢回復事業が行われており、毎年美しい花を楽しむことができるようになった。滝桜のある三春町内には、約10,000本のサクラが植えられていて樹齢が100年を超えるシダレザクラも70本あり、町全体がサクラの名所となっている。

花見山公園のサクラとハナモモ　＊春

花見山公園は、福島市の南東渡利地区の丘陵地中腹に位置する私有地で、所有者であり花木を栽培している阿部家が圃場を約5ヘクタールを公園として無料開放している。花木の品種はサクラだけでもソメイヨシノ、ヤエザクラ、ヒガンなど20種に及び、モモ、ウメ、レンギョウ、ボケ、ベニバスモモ、コデマリ、ユキヤナギ、チョウセンマキ、クジャクヒバ、ヒメミズキ、フジ、ツバキ、サザンカなど多品目にわたる花木が栽培され、山全体が色とりどりの花で覆われる「百花繚乱」のお花見山となる。

花見山は、花き栽培のための農の営みと農家の心の余裕によって形成された観光地である。1926（昭和元）頃から農家が副業で畑に花木を植え始め、35（同10）年いけばな用切花の需要拡大があって本格的に花木を植え始めた。そうした農家の一人阿部伊勢次郎は36（同11）年、花木の生産とともに家族の楽しみのために花の山をつくろうと15年間花木を植え続けた。次第に山を見せてほしいという人々が多くなったことから60（同34）年、花見山公園として一般の人々にも開放することとした。花見山とその周辺には多くの種類の花木が植えられている。また、花木収穫は地上から1メートル強の部位で切断する。このため箒を逆さにしたような樹形となり低い位置で密集した枝にたくさんの花が咲くようになる。この結果、山全体が色とりどりの低い高さの花木類で覆われることとなり、他の地域では類をみない美しい風景が生まれることとなった。

1975（昭和50）年頃、写真家の秋山庄太郎が初めてお花見山を訪問。すっ

かり気に入って何度も訪れ、「福島に桃源郷あり」と形容して展覧会や講演会で公園を紹介したことによって全国的に知られるようになった。

会津鶴ヶ城公園のサクラ　＊春、史跡、日本さくら名所100選

　会津鶴ヶ城は1384（至徳元）年葦名直盛がつくった館に始まるといわれ、1593（文禄2）年に蒲生氏郷が本格的な天守閣を築城し、名前も「鶴ヶ城」と改められた。1868年（慶応4年）戊辰戦争により会津は敗戦、74（明治7）年明治政府の命により石垣だけを残し取り壊された。現在の天守は1965（昭和40）年に外観復興再建されたもので、2011（平成23年）年赤瓦に復元された。鶴ヶ城公園には、ソメイヨシノを中心に、ヤエザクラ、シダレザクラ、コヒガンザクラなど約1,000本のサクラ植栽されており、日本で唯一の赤瓦をまとった天守閣とのコラボレーションは大変美しい。また、NHKの大河ドラマ『八重のサクラ』の舞台ともなったところで千利休の子・少庵が建てたといわれる茶室麟閣の周辺で八重桜を見ることができる。

　鶴ヶ城公園は1917（大正6）年若松市の依頼により、東京帝国大学教授本多静六によって城跡の近代公園化の方針が「若松公園設計方針」として計画されて、34（昭和9）年国史跡として指定された。

　鶴ヶ城公園のサクラは、1908（明治41）年陸軍歩兵第65連隊が設置されたことを記念するため遠藤現夢によって植樹されたのが始まりとされている。この時に植えられた老齢のサクラが多数残っていることから、樹勢回復などを行うための「鶴ヶ城公園のさくらを元気にする事業」がお城とサクラを愛する市民が協力して、継続的に行われている。

霞ヶ城公園のサクラ　＊春、史跡、日本さくら名所100選

　霞ヶ城公園は二本松市にある県立自然公園である。霞ヶ城跡を中心とした付近一帯と安達ヶ原一帯の2地域からなる。公園内にはソメイヨシノをはじめとする2,500本のサクラが植えられている。開花期にはサクラの花が全山をやわらかに包み込み、スギやマツの老木とサクラの花と石垣のコントラストは素晴らしく、山一面がサクラの花の白い霞がかかったように見えることから「霞ヶ城」の名がついたともいわれている。

　霞ヶ城（二本松城）は、1643（寛永20）年初代二本松藩主丹羽光重によって近世城郭として整備された。戊辰戦争では激しい攻防が繰り広げられ二

本松少年隊の戦死などの悲話を残して落城した。1872（明治5）年廃城令によって残る建物もすべて破却されたが、1995（平成7）年本丸の修復、復元工事によって天守台や本丸石垣が整備された。

夜ノ森のサクラとツツジ　＊春

　双葉郡富岡町夜ノ森のサクラ並木は、1900（明治33）年に、旧士族半谷清寿が開墾を記念してソメイヨシノ300本を植栽したことに始まる。その後、息子の半谷六郎がさらに1,000本のサクラを植栽するなど、現在までに約2,000本のソメイヨシノが植栽された。樹齢100年を超えたソメイヨシノなどで全長約2.2キロのサクラのトンネルとなっており、浜通りを代表するサクラの名所として知られるようになった。

　2011（平成23）年の東日本大震災前には、毎年4月に「夜ノ森桜祭」が開催され多くの人が訪れていたが、震災後福島原発事故によって放射能で汚染され帰還困難区域となり立ち入りが制限された。夜ノ森のサクラは富岡町のシンボルで町民の心のよりどころであることから、環境省は先行して除染を進め、17（同29）年300メートルについて除染が完了、立ち入りが可能となり、富岡町桜まつりとライトアップが再開された。

　また、夜ノ森駅には、町長となった半谷六郎が約300株のツツジを寄贈したのをきっかけに、住民によって16種約6,000本のツツジやサツキが線路脇に植えられ、ツツジの名所としても知られていたが、原発事故の除染のため6,000本全ての伐採が余儀なくされた。富岡町は、住民らの要望を受け止め根を残して除染を行うとともに新たな苗木も植えて再生が図られていることから、数年後には新しいツツジの名所が誕生することが期待される。

日中線記念自転車歩行者道のシダレザクラ　＊春

　日中線は、喜多方市の喜多方駅から熱塩駅までを結んでいた旧国鉄の鉄道路線である。1938（昭和13）年に開業したが、典型的な閑散ローカル線で84（同59）年に全線廃止となった。路線名は、終点である熱塩駅の北方にある日中温泉に由来する。

　日中線記念自転車歩行者道は、喜多方市によって日中線の線路跡の一部を活用し自転車遊歩道として整備されたものである。喜多方駅から西へ徒

歩5分の遊歩道の入口から始まる全長3キロの道で、遊歩道の両側には1986〜96年（昭和61年〜平成8年）にかけて594本のシダレザクラが植えられ、その後も植栽が行われ、現在では約1,000本になっている。植栽後30年余りを経過して、シダレザクラも壮年となり、サクラの季節にはシダレザクラの花のトンネルとなる区間があり、見ごたえのあるサクラ並木になった。シダレザクラのピンクのシャワーが3キロも連続する風景は他では見ることのできない風景であり、遠く残雪の飯豊山を背景に美しい風景が展開している。まだ若い木も多く、これからますます美しくなる育ち盛りのサクラの名所である。

高清水自然公園のヒメサユリ　　＊夏

　ヒメサユリは、ユリ科の多年草で標準和名はオトメユリという。標準和名「オトメユリ」よりも「ヒメサユリ」の方が一般的に使われる。日本特産のユリで、宮城県南部および飯豊連峰、吾妻山、守門岳、朝日連峰の周辺にしか群生していない。高さ30〜50センチ程度で花は薄いピンク色で斑点がないのが特徴。筒型で横向きに開き、甘く濃厚な香りを有する。

　南会津郡南会津町にある高清水自然公園内のヒメサユリ群生地は、標高約850メートルの高地にあり、すり鉢状のススキ草原全体にヒメサユリが咲く。ヒメサユリは、まだ低いススキから頭一つ花茎を伸ばし淡いピンク色の花を一面に咲かせる。派手さは無いが清楚で可憐な花はまさに「姫小百合」である。当地のヒメサユリは、地元の人々が長年採草地として火入れ、刈払い、搬出を行ってきた場所で維持されてきた。いわば人の営みと共に生きてきた植物である。地元では、生活のための採草は行われなくなったが、ヒメサユリを維持するために秋の刈払い、定期的な山焼きを行い、採草地に生きるヒメサユリの生育に適した条件をつくりだしている。また、ヒメサユリは病原菌に非常に弱いことから群生地内に病原菌や外来植物を持ち込まないため、入口付近に靴裏の消毒マットを設置するなどヒメサユリのためのさまざまな保全対策が行われている。

こおり桃源郷のモモ　　＊春

　福島盆地は果樹、特にモモの栽培が盛んで春の開花期には各地でモモの花を見ることができる。特に、桑折町東方に位置する伊達崎地区は、120

ヘクタールに及ぶモモの畑が集中しており「こおり桃源郷」と呼ばれている。春4月、一面のモモ畑では、ピンク色の絨毯を敷き詰めたようにモモの花が色鮮やかに咲き、まさに「桃源郷」となる。

　福島盆地周辺は、養蚕が盛んな地域であったが、大正時代以降養蚕業が衰退した後、果樹へ転換が行われ、昭和30年代から本格的に果樹栽培に切り替えられた。桑折町では当初、リンゴの方が多かったが、昭和50年代前半にモモの方が多くなった。「こおり桃源郷」付近には桑折町によって果物の小径が整備されている。展望台や桃の郷ポケットパークなどがあり桃源郷を散策することができる。また、平行して車道の桑折ピーチラインが通過していてドライブをしながらモモの花を楽しむことができる。

須賀川牡丹園のボタン　　＊春、名勝

　ボタンは、ボタン科ボタン属の落葉小低木で、中国原産。中国では盛唐期以降「花の王」として愛好されるようになり、李白や白居易は詩で楊貴妃の美しさをボタンに例えている。

　須賀川牡丹園は、須賀川市にある牡丹園で10ヘクタールの広大な面積を有し、290種7,000株のボタンが植えられている。丹精込めた管理によって老松の緑を背景に深い紅や淡いピンク、白、黄色などさまざまな色の大輪で華麗かつ妖艶な花々を楽しむことができる。牡丹園は1766（明和3）年薬種商伊藤祐倫がボタンの根を薬用にしようと苗木を摂津国から取り寄せ、栽培したのが始まりといわれている。明治時代初めに柳沼信兵衛が薬草園を買い取り、薬用から観賞用のボタンに切り替えた。柳沼信兵衛の長男柳沼源太郎が牡丹園経営を引き継ぎ、東京農科大学（現東京大学農学部）で専門的なボタン栽培を学んだ後、牡丹園に移り住みボタン栽培一筋に励む。その成果として1932（昭和7）年、牡丹園は国の名勝に指定された。

　柳沼源太郎は、破籠子という俳号を持つ俳人でもあった。大正時代、年老いて枯れたり折れたりしたボタンの木を感謝と供養の意味を込めて炊く「牡丹焚火」を始める。牡丹焚火でボタンの木を焚く様は幽玄な雰囲気漂う伝統行事となり「全国かおり風景百選」にも選ばれている（11月第3土曜日開催）。吉川英治が代表作『宮本武蔵』の執筆時に訪れ、この牡丹焚火の美しさに惚れ込み『宮本武蔵』の"牡丹を焚く"の章で牡丹焚火の情景を描いている。

白水阿弥陀堂の中尊寺ハス　＊夏、国宝、史跡

　白水阿弥陀堂は、いわき市にある古刹。平安時代末期の1160（永暦元）年奥州平泉の藤原清衡の娘・徳姫が、夫・岩城則道の供養のために建立した平安時代後期の代表的な阿弥陀堂建築である。発掘調査によって白水阿弥陀堂が大きな池の中に設けられた中島に建てられていたことが判明、1966（昭和41）年国の史跡に指定され、74（同49）年度に池が復元された。現在の阿弥陀堂は東・西・南の三方を池に囲まれている。

　浄土庭園の池の一角にハスが植えられている。このハスの一部は、平泉の中尊寺金色堂から出土した古代ハスで「中尊寺ハス」と呼ばれている。このハスは、1950（昭和25）年中尊寺金色堂御遺体調査の時に、大賀ハスの発見者である植物学者大賀一郎が泰衡の首桶の中から約100粒のハスの種子を発見したもので、その後大賀の門下生長島時子によって93（平成5）年発芽に成功。98（同10）年、およそ810年ぶりに薄紅色の大輪の花を咲かせ「中尊寺ハス」と名付けられた。白水阿弥陀堂の池には2001（同13）年に株分けされ植えられている。仏教では泥水の中から生じ清浄な美しい花を咲かせる姿が仏の智慧や慈悲の象徴とされる。広大な面積を誇るものではないが、平安時代に咲いていたであろうハスの花越しに阿弥陀堂を望む風景は、平泉文化華やかなりし頃に奥州藤原氏が願った平和な世界・極楽浄土を彷彿とさせるものがあり、藤原氏ゆかりある縁で結ばれていることも興味深い。

尾瀬沼・大江湿原のニッコウキスゲ　＊夏、尾瀬国立公園

　尾瀬沼は、福島県南会津郡檜枝岐村と群馬県利根郡片品村に位置する沼で尾瀬国立公園の重要な風景の一つである。尾瀬沼の東岸には、尾瀬の自然保護に尽くした平野長蔵の名を冠する長蔵小屋や環境省のビジターセンターなどが設置され利用の拠点となっている。大江湿原は、尾瀬沼の最上流に位置する湿原で、尾瀬では尾瀬ヶ原に次ぐ大きさである。尾瀬ヶ原のような広大な湿原ではないが、緩やかに傾斜した美しい湿原で、湿原の先に見える尾瀬沼と一体となった風景は一見の価値がある。ニッコウキスゲの大群落があり、7月下旬一面に黄色い花を咲かせる。このニッコウキスゲの美しさは、尾瀬沼や三本カラマツ、周辺の山々との絶妙なバランス

とハーモニーをつくり出しはるばる尾瀬にやってきたという深い感動を味わうことができる。

　尾瀬沼の南側の群馬県側の玄関口三平峠と福島県側桧枝岐村からの玄関口は沼山峠の区間は旧会津沼田街道の一部で、大江湿原の中心を通る木道はその一部となっている。昭和40年代この部分を観光のために車道化する話が持ち上がった。これに対し、平野長蔵の孫平野長靖が1971（昭和46）年環境庁長官大石武一に建設中止を直訴、建設中止に持ち込んだが、同年冬尾瀬からの下山中に三平峠で遭難、凍死した。

　尾瀬沼近くの大江湿原の一角少し小高い丘は、夏の終わりにヤナギランが咲くことから「ヤナギランの丘」と呼ばれている。ここには、尾瀬の自然を守った平野家の墓があり、尾瀬の美しい自然を見守っている。

雄国沼湿原のニッコウキスゲ　　＊夏、磐梯朝日国立公園、天然記念物

　雄国沼は猫魔ヶ岳や雄国山などを外輪山に持つ、猫魔火山のカルデラにある湖沼である。沼の標高は1,090メートル。雄国沼の南側には湿原が発達しており、「雄国沼湿原植物群落」として1957（昭和32）年国の天然記念物に指定された。5月頃にはミズバショウやリュウキンカ、ホロムイイチゴ、6月頃にはレンゲツツジやワタスゲ、ヒオウギアヤメ、7月頃にはニッコウキスゲやコバイケイソウ、8月頃にはヤナギランやオゼミズギクなどを見ることができる。特にニッコウキスゲの群落は規模が大きく、面積当たりの株数は尾瀬を上回り、日本一ともいわれる。一面に広がるニッコウキスゲの花は、黄色い絨毯のようで青い雄国沼との対比は素晴らしく、天上の楽園ともいうべき風景となる。

　なお、雄国沼は原生自然の湖沼ではない。江戸時代の1657～60（明暦3～万治3）年新田開発と灌漑のために、大塩平左衛門が堤防を築き沼の面積を3倍に拡張するとともに、360メートルの雄国堀抜堰（トンネル）を掘削して、喜多方方面に水を流す工事を行っている。

公園 / 庭園

霞ヶ城公園

地域の特色

　福島県は東北地方の南部を占め、かつては東北の入口にあたる白河の関があった。東の太平洋から西の新潟県境まで東西に長く、県の半分にあたる西部は南北に走る奥羽山脈が占め、東部には阿武隈高地が南北に併走し、東から海岸低地帯の浜通り、阿武隈沿い平野・盆地の中通り、盆地・湖岸平野の会津と3地域に大別される。

　県面積はわが国3位の広い県である。奥羽山脈は東日本火山帯の旧那須火山帯と重なり、標高1,500〜2,000mの吾妻・安達太良連峰、磐梯山などの火山が連なり、山麓には猪苗代湖や檜原湖などがある。西端は2,000m級の飯豊山地、越後山脈で新潟県に接し、その南端に福島県最高峰の燧ケ岳がそびえ、その山麓の新潟・群馬県境に尾瀬沼が広がっている。南の茨城・栃木県境には八溝山がたたずむ。中通りは白河から福島へとつながり、昔も今も東京から青森へとつながる交通の大動脈となっている。

　古くは陸奥、石城・石背の国などと呼んだが、会津の名が最も定着した。近世には会津若松に徳川氏一族の保科氏（会津松平氏）が入り、会津藩が若松城を拠点に明治維新まで続き、戊辰戦争では最後まで官軍と戦う。中通りは支配が交錯したが、福島・二本松・白河などの各藩が地歩を固め、城下町・宿場町を発展させた。浜通りは北部を相馬中村藩が安定的に支配していた。近代に入って山形県令（官選県知事）でもあった三島通庸が福島県令として土木工事に辣腕をふるう。日露戦争後に猪苗代湖水系、第二次世界大戦後に只見川水系の水力発電が京浜地域への電力供給のために盛んに開発されたが、この流れが福島原子力発電所建設へと続いた。

　自然公園は湿原、火山、山岳の傑出した国立・国定公園と11カ所の多彩な県立自然公園を擁し、都市公園は城郭や領民のための公園、庭園は大名庭園が特徴的である。

🔢 尾瀬国立公園尾瀬沼

*ラムサール条約湿地、特別天然記念物、日本百名山

　尾瀬国立公園は福島県、栃木県、群馬県、新潟県にまたがり、尾瀬、会津駒ヶ岳、田代山、帝釈山を擁している。2007（平成19）年に、尾瀬が日光国立公園から分離独立し、福島県内と県境の山岳を新たに編入したものである。1987（昭和62）年の釧路湿原国立公園以来の20年ぶりの新国立公園の誕生であった。そこには、世界遺産や世界ジオパークなどの台頭で国立公園の価値が低下していくなか、尾瀬を再度輝かせようとするブランド化があったと言える。尾瀬は高層湿原尾瀬ヶ原、只見川源流部の尾瀬沼、秀麗な山容を見せる日本百名山の燧ヶ岳と至仏山から成りたっている。尾瀬は約1万年前に燧ヶ岳の噴火で生まれた湿地であり、植物が腐らず堆積する厚い泥炭層を形成している。尾瀬は福島県、群馬県、新潟県に属し、燧ヶ岳は福島県、至仏山は群馬県にある。福島県から尾瀬にいたるメインルートは沼山峠から尾瀬沼に入る。尾瀬沼は標高約1,650ｍで群馬県で後述する尾瀬ヶ原よりは高い。尾瀬沼には一面にミズバショウやニッコウキスゲが咲きほこり、天上の別世界となる。

　尾瀬沼にいたるのは大変であるが、江戸時代、この地は街道になっていた。現在の福島県会津若松市から尾瀬沼を経て、群馬県沼田市につながる道は、会津街道または沼田街道と呼び、東北地方と関東地方を結ぶ重要な街道であった。尾瀬は、平野長蔵が1889（明治22）年に燧ヶ岳に初登頂し、翌年には尾瀬沼の沼尻に神道を普及するため行人小屋（参籠所）を建て、90（明治23）年は尾瀬開山の年といわれている。その後1910（明治43）年、尾瀬沼湖畔に小屋を建て住みつく。長蔵小屋の始まりである。尾瀬沼の長蔵小屋は、現在も、尾瀬を愛する人なら誰もが知っている山小屋である。1895（明治28）年、雑誌『太陽』創刊号に群馬県師範学校教諭の渡辺千吉郎の「利根水源探検紀行」が載る。17人の探検隊が苦労して未踏の利根川源流をたどり尾瀬を調査するものである。利根川源流は実際には至仏山の西で尾瀬とは離れているが、この探検紀行は尾瀬の風景を絶賛している。一行が尾瀬沼で当時の「一小板屋」を遠くから双眼鏡で見いだし、檜枝岐村（現福島県檜枝岐村）と戸倉村（現群馬県片品村）の交易品を蔵する所であ

り、会津の名酒があるにちがいないと小屋に勇躍馳せようとする。しかし、沼に足をとられ、たどりつくことができず、雨のなかに露営する。

⑤ 磐梯朝日国立公園磐梯山　＊日本百名山

　磐梯山（1,819m）は南から見る姿を表磐梯、北から見る姿を裏磐梯と呼ぶ。表磐梯は成層火山らしく整った形で会津富士とも呼ばれるのに対し、裏磐梯は1888（明治21）年の噴火で山頂部が崩壊し、荒々しい姿を見せている。この噴火は山麓集落に大災害をもたらしたが、その時北側には檜原湖などの堰止湖や五色沼の美しい湖沼群を生んだ。北東には古くからの山岳信仰の霊山吾妻連峰が続き、西吾妻山（2,035m）を最高峰とし、吾妻小富士と浄土平がある。山岳観光道路草分けの1959（昭和34）年開通の磐梯吾妻スカイラインが通る。南側には磐梯山が生んだ広大な猪苗代湖がある。西には雄国沼の高層湿原があり、東には安達太良山がそびえている。東北新幹線で北上すると福島に入る直前にこのそびえる雄姿が望める。

　磐梯山はもともと山岳信仰の山であったが、噴火で一層有名になった。1906（明治39）年、水彩画家の大下藤次郎は猪苗代湖から檜原湖へと巡り、檜原の宿屋では主人から紀行文家の大橋乙羽が10年前に磐梯山に登った話を聞く。大下もまた森林を抜け、高原を進み、山を登って磐梯山の火口にたどりつく。火口の噴煙、硫黄の臭い、黒く焼けた巨石などの凄まじい様子を伝える。「磐梯噴火口」「猪苗代湖」などの作品を残している。

　磐梯山は1921（大正10）年の最初の国立公園候補地16カ所に選ばれていたが、34〜36（昭和9〜11）年のわが国最初の国立公園12カ所の誕生では、小規模で雄大性に欠けることから落選した。戦後の50（昭和25）年、朝日連峰・飯豊連峰などと結びついて、広大な磐梯朝日国立公園が誕生した。民謡「会津磐梯山」は「小原庄助さん何でしんしょうつぶした。朝寝、朝酒、朝湯が大好きで」の歌詞で有名であるが、昭和初期に全国に広まったものである。この頃観光振興のため、各地で土地の民謡をアレンジして、レコードやラジオを通して売りだしていた。

⑤ 越後三山只見国定公園奥只見　＊ユネスコエコパーク

　越後三山只見国定公園は尾瀬国立公園に接し、福島県と新潟県にまたがる山岳である。只見川上流の奥只見は「奥会津の秘境」「本州最後の手つ

かずの山城」と称されてきたが、1961（昭和36）年に豪雪地帯の豊かな水を利用する発電用巨大ダムが完成し、田子倉湖や奥只見湖などの人造湖が生まれた。いつしか自然の渓谷よりダム湖の風景を愛でるようになった。

都 霞ヶ城公園　＊史跡、日本の歴史公園100選

　霞ヶ城公園が所在する二本松市は福島市の南に隣接し、市の中央を阿武隈川が南北に流れる。公園は戊辰戦争の舞台にもなった二本松城の跡地にある。二本松城は三方を丘陵で囲まれた自然の要害地に築かれ、1414（応永21）年に畠山氏が居を構えて以来、上杉氏の城代、松下氏、加藤氏を経て1643（寛永20）年からは丹羽氏の居城となり明治維新を迎えた。東北地方を代表する近世城郭とされている。国の史跡である旧二本松藩戒石銘碑は、巨大な岩の一部が地上に頭を出しているところに藩主丹羽高寛が文字を刻ませたもので、民が汗して働いたおかげで給料を得ているのだから藩士は民を虐げてはいけない、という戒めが記されている。戊辰戦争では後に二本松少年隊と呼ばれる10代の若者が動員されて戦ったが、敗れて城は焼け落ちた。戊辰戦争後の三の丸跡には二本松製糸会社が操業を開始した。福島県では初めての本格的な工場で世界遺産に登録された旧富岡製糸場に匹敵する規模を誇ったが、経営不振のため解散し、その後を双松館が継いで事業を拡大した。霞ヶ城を中心とする地域は1948（昭和23）年に福島県立自然公園に指定され、城跡は57（昭和32）年から都市公園として整備されることになった。発掘調査の結果、加藤氏の時代の大規模な改修の痕跡が見つかり、中世城館から近世城郭への変化が明らかになった。各時代の様式を活かした石垣の復元が95（平成7）年に完成し、2007（平成19）年には「二本松城跡」として国の史跡に指定された。公園内の小さな回遊式庭園には御茶屋として使われていた県指定文化財の洗心亭をはじめ、市指定天然記念物のイロハカエデや古木の「傘松」がある。天守台に上ると二本松市街と安達太良山を見晴らすことができる。

都 開成山公園　＊日本の歴史公園100選

　開成山公園は郡山市の市街地に所在する。安積疏水と安積開拓は猪苗代湖から郡山市に水を引き原野を開墾した大規模な国家事業として知られているが、開成山はその礎となった場所である。1873（明治6）年に当時の

福島県知事が安積平野の開拓を目的に地域の裕福な商人たちに声をかけて結成したのが開成社だった。25名のメンバーが多額の資金を投じて開墾した土地に人々が入植し桑野村が形成された。開成社は開墾にあたって、もとあった五十鈴湖の東に開成沼と呼ばれる灌漑用の池をつくった。この二つの池が現在の公園の場所である。バラバラになりがちだった開拓民の心を一つにするために、開墾地にある小高い丘を「開成山」と名付けて遥拝所（現在の開成山大神宮）を建設し、数千本の桜が植えられた。開成社に遅れること5年国による安積疏水の事業が始まった。五十鈴湖と開成沼の周囲に植えられた桜は大きく成長し、1934（昭和9）年には「開成山（サクラ）」として国の天然記念物および名勝に指定された。五十鈴湖は明治時代に埋め立てられて開成山競馬場となったが、第二次世界大戦後は農地に利用されたこともあった。運動施設の必要が高まったことから、今度は開成沼が埋め立てられ、陸上競技場と野球場が相次いで建設された。その結果、桜の衰退と公園建設のための大幅な現状変更が認められず、58（昭和35）年には天然記念物および名勝の指定が解除されてしまった。一方、競馬場だった五十鈴湖は再び公園の池として蘇り、桜の名所として人々の目を楽しませている。2016（平成28）年には「未来を拓いた『一本の水路』－大久保利通"最期の夢"と開拓者の軌跡 郡山・猪苗代」が日本遺産に認定され、開成山公園と五十鈴湖、開成山の桜はその構成要素となった。公園の西側に隣接する開成館は1874（明治7）年に開成社の拠点として建設され、現在は開拓と疏水の歴史を伝える資料館になっている。

都 馬陵公園　＊重要文化財、日本の歴史公園100選

　馬陵公園は相馬市の中村城があった場所につくられた公園である。中村城は別名を馬陵城といい、1611（慶長16）年の築城から約260年にわたり中村藩相馬氏の居城だった。18代相馬義胤が建立した相馬中村神社の建物は国の重要文化財に、中村城跡は福島県の史跡に指定されている。相馬中村神社では国の重要無形民俗文化財の相馬野馬追を見ることができる。妙見三社の相馬中村神社、相馬太田神社、相馬小高神社の合同祭礼で、お繰出しと呼ばれる出陣の儀式が三社で行われ甲冑姿の騎馬武者が旗をなびかせ行列をなして神社から雲雀が原の本陣に向かう。

庭 会津松平氏庭園　＊名勝

　会津若松市花春町にある会津松平氏庭園は、会津藩2代藩主の保科正経が1670（寛文10）年に別邸を造営して、薬草を栽培したのが始まりだった。3代藩主正容が朝鮮人参を植えて、民間にも栽培を奨励したことから、「御薬園」とも呼ばれるようになった。1696（元禄9）年頃に、小堀遠州の流れをくむ目黒浄定を招いて、庭園を現在のように改修させたという。

　同年に建てられた御茶屋御殿の東側前面には、大規模な園池が設けられている。以前は草が生い茂っていて、池の形もよくわからなかったが、最近は整備が進んで美しくなった。中島には楽聚亭と呼ぶ茶屋が建てられていて、昔は御殿から舟で行っていたようだが、後方に橋が架けられているので、歩いて渡ることができる。園池の北岸は洲浜状になっていて、樹木はなく芝生が張ってあるだけでなので、全体が明るく見える。

　植栽としては、高木はアカマツ・モミ・カエデなどだが、低木はツツジのほかにイチイ・ハイゴヨウマツがあって、東北に来たという感じをうける。北側には植物園が残っていて、栽培している薬草を見ることができる。

庭 南湖公園　＊史跡、名勝、日本の歴史公園100選

　白河市の南湖公園は、12代白河藩主だった松平定信が老中を引退後に、「大沼」と呼ばれていた湿地帯に利用して、1801（享和元）年に造営した南湖が基になっている。藩士の水泳・操船の訓練に用いられ、灌漑用水にも利用されていたが、武士・町人・農民がともに楽しめるようにという、「士民共楽」の理念に基づいて公開していたことから、日本最初の公園といわれている。1820（文政3）年に定信が「南湖十七景」を選んだことから、それぞれに石碑が建てられているので、一周約2kmある南湖を散策しながら、その景色を楽しむことができる。

温　泉

地域の特性

　福島県は、東北地方の南端にあり、太平洋岸は浜通り、中央部は中通り、内陸部は会津とよばれる3地域に区分されており、それぞれ異なった文化圏を形成している。面積は全国第3位にランクされるほど広い。県全体としては、農産物はモモ、リンゴ、キュウリ、葉タバコ、養蚕などに特化しているが、中通りでは高速交通網の整備のもとに、ハイテク関係の企業が多数進出して地域の性格を大きく変えている。

　観光的には、会津若松、磐梯山、猪苗代湖、五色沼などの県中央部を核として発展し、北部の飯坂温泉や磐梯吾妻スカイライン沿線と東部のいわき湯本も観光化によって地域振興が進んだ。また、南会津の旧街道に沿っては、見事な茅葺き寄棟民家が建ち並んだ大内宿が再生され、非日常を体験することができる。太平洋に近い相馬市では、7月下旬に武者姿の若者が神旗を争奪する相馬野馬追いの伝統行事が行われる。

◆旧国名：磐城、岩代　県花：ネモトシャクナゲ　県鳥：キビタキ

温泉地の特色

　県内には宿泊施設のある温泉地が135カ所あり、源泉総数は743カ所、湧出量は毎分8万ℓで全国8位である。42℃以上の高温泉が約半数を占める。年間延べ宿泊客数は429万人で全国8位にランクされており、宿泊客数が多い温泉地は、飯坂・穴原65万人、いわき湯本60万人、東山48万人、磐梯熱海29万人、芦ノ牧28万人、岳26万人、土湯23万人であり、中規模の観光温泉地が健闘している。国民保養温泉地として、岳、新甲子、土湯・高湯が指定されており、保養を中心とした温泉地づくりも積極的に行われてきた。かつて歓楽温泉地として発展してきた福島県最大の飯坂温泉の宿泊客数が減少し、炭鉱の閉山を機にハワイアンセンターという新たな取り組みで成長したいわき湯本温泉と肩を並べるほどになっている。

主な温泉地

①飯坂・穴原（いいざか・あなばら）

65万人、27位
単純温泉

　県北部、阿武隈川支流の摺上川両岸に、飯坂と湯野地区からなる東北地方有数の飯坂温泉がある。開湯伝説に日本武尊や西行法師の名が出てくるが、西暦110年頃の開湯という日本最古の鯖湖湯をはじめ、箱湯（波来湯）、滝湯、赤川湯などの歴史的な共同浴場があり、湯治場として賑わった。鎌倉時代に源義経の家臣佐藤氏が進出し、江戸時代には飯坂氏が統治して繁栄した。明治期に入り、福島の奥座敷として繁盛し、木賃宿も内湯旅館に変わった。三層、四層の建物が醸し出す風情、川遊び、舟遊びなどに多くの浴客が引きつけられ、森鷗外、正岡子規、与謝野晶子、竹久夢二、ヘレン・ケラーなどの著名人も訪れた。

　第2次世界大戦後、高度経済成長下にあって吾妻スカイラインの開通など観光化が進み、団体観光客が増えて歓楽色を強めた。延べ宿泊客数は1978（昭和53）年には180万人を数えたが、現在では約3分の1に減少している。そこで、毎分3,500ℓもの高温の単純温泉を活かして木造共同浴場の「鯖湖湯」を再建し、2010（平成22）年には、まちづくり協定のもとに5億円の予算で「旧堀切邸」が復元された。周辺の歴史的建造物群の町並みも再生され、浴客の散策によい観光空間となっている。市の有形文化財「十間蔵」をはじめ、母屋、蔵が無料で見学でき、源泉掛け流しの足湯や手湯も楽しめる。飯坂のシンボルである「十綱橋」は、現存する最も古い大正期の鋼アーチ橋であり、夜間にライトアップされて美しい。

　9カ所の町営共同浴場のうち、再建された波来湯は鯖湖湯に次ぐ歴史を有し、観光客用に熱い湯と適温の湯の2つの湯船がある。また、八幡神社例大祭では勇壮な「飯坂けんか祭り」があり、「太鼓まつり」「花桃の里祭り」「ほろ酔いウォーク」などの伝統行事やイベントも多い。2008（平成20）年から始まったフルマラソン大会は定着し、2009（平成21）年には「NPO法人いいざかサポーターズクラブ」が発足した。カヤック、そばうち、陶芸、ノルディックウォーキングなど、若者を新たなターゲットにした体験型観光を展開しており、運営する喫茶店は観光客と住民の情報交流の場でもある。

交通：JR東北新幹線福島駅、福島交通20分

②いわき湯本（ゆもと）　60万人、32位
塩化物泉、硫酸塩泉

　県南東部、炭鉱地帯からレジャーセンター中心の観光温泉地に変貌したいわき湯本温泉がある。温泉資源としては、泉温は60℃、湧出量は毎分4,750ℓで優れており、泉質は塩化物泉と硫酸塩泉である。伝説では、景行天皇の御世に傷を負った鶴が助けられ、美女に姿を変えて傷を癒したのは「佐波古」の湯であったことを告げたといい、有馬、道後とともに「日本三古泉」ともいわれる。平安時代の延喜式神名帳に「陸奥国磐城郡温泉神社（ゆの）」とあり、長い歴史を有している。後に佐竹氏などの戦国武将が湯治に来訪し、江戸時代には江戸と仙台を結ぶ浜街道唯一の温泉宿場町として賑わい、文人墨客も訪れた。

　常磐炭田は幕末の1851（嘉永4）年頃に開発され、明治以後に本格的採掘が始まった。中央資本の進出で町が繁栄したが、坑内の温泉排出で自然湧出泉は水位が低下し、1919（大正8）年に温泉が止まった。第2次世界大戦後、原油輸入の自由化で炭坑は閉鎖され、1964（昭和39）年に常磐炭砿が常磐湯本温泉観光株式会社を設立し、1966（昭和41）年に常磐ハワイアンセンターを開業した。炭鉱夫の娘たちがハワイのフラダンスやタヒチの踊りを披露し、客は大浴場の温泉に浸かってレジャーを楽しんだ。25周年記念の1990（平成2）年にはスパリゾートハワイアンズをオープンし、日本一の大露天風呂「江戸情話与一」やトロピカルプールのあるウォーターパーク、ホテル群、ゴルフ場など家族そろって楽しめる観光施設があり、年間160万人の日帰りと宿泊の観光客を集めている。歴史的には自然湧出の湯壺があった地域が「三箱の御湯」とよばれたいわき湯本温泉であるが、現在はこの駅前附近の二十数軒の温泉街に加えて、湯本駅から東に4kmほど離れたスパリゾートハワイアンズが一体となって観光温泉地域を形成している。

交通：JR常磐線湯本駅

③東山（ひがしやま）　48万人、47位
塩化物泉

　県中央部、会津若松市郊外の山間部にあり、東北地方有数の温泉地である。開湯は古く、8世紀の天平年間に僧行基によって発見されたといわれ

る。山形県の湯野浜、上山とともに「奥羽三楽郷」とよばれるほどであった。近世期には、会津藩の湯治場として栄え、会津若松の奥座敷でもあった。温泉街は、湯川に沿って和風旅館を中心に20軒ほどの旅館が並んでいて、町並みによく合う「からり妓さん」とよばれる芸妓が客をもてなしている。また、東山温泉は会津民謡に登場する小原庄助ゆかりの温泉でもある。東山温泉の温泉資源性は高く、42℃以上の高温で湯量豊富な塩化物泉が、毎分約1,900ℓも湧出している。湯川には、雨降り滝、原滝、向滝、伏見ヶ滝の東山四大滝があり、背あぶり山の展望台からは磐梯山や猪苗代湖を眺められる。毎年、8月13日から1週間にわたる東山温泉盆踊りが催される。

交通：JR只見線会津若松駅、バス20分

④磐梯熱海 (ばんだいあたみ)　29万人、87位
単純温泉

　県中央部、郡山市の北西部に位置し、磐梯熱海駅周辺の熱海温泉と五百川の高玉温泉を含めて磐梯熱海温泉とよばれる。この温泉は、鎌倉時代の領主の伊東氏が、出身地の伊豆にちなんで熱海と名づけたのが始まりという。53℃の高温の単純温泉が、毎分3,200ℓも湧出する温泉資源に恵まれている。湯治場としての時代を経て、現在では観光客相手の高級和風旅館からさまざまなランクの旅館が集まっている。共同浴場も2軒あるが、17軒の多くの旅館が日帰り入浴客に温泉浴場を開放している。

　磐梯熱海温泉の行事として、毎年8月9～10日に「萩姫まつり」が行われる。湯前神社で温泉の恵に感謝し、萩姫が舞を奉納する温泉感謝祭に始まり、逢山源泉場で源泉汲上げの儀、散湯の儀、分湯の儀を執り行い、献湯際、萩姫万灯パレードなどがあり、温泉場は祭り一色に染まる。駅前広場にある公営の日帰り入浴施設「郡山ユラックス熱海」は健康温泉室、スポーツ施設が充実している。

交通：JR磐越西線磐梯熱海駅15分

⑤芦ノ牧 (あし まき)　28万人、88位
塩化物泉、単純温泉

　県中央部、会津西街道沿いの山間部に位置する温泉地で、大川に沿って旅館や観光地が分布している。温泉は、温度42℃以上の高温泉が毎分1,500ℓほど自噴しており、温泉資源性は著しく高い。伝説によると、こ

の湯は千数百年前に僧行基上人が発見したといわれ、芦ノ牧の地名は芦名家の軍の放牧場であったことに起因しているという。大川には芦名家の簗場が設けられており、「あぎの湯」という露天風呂もあって、近郊の人々に利用されていた。近くに国指定天然記念物の塔のへつり、国の重要伝統的建造物群保存地区に指定されている大内宿など、自然景観や人文景観に優れた数々の観光地が集まっていて、首都圏各地からの宿泊客数も多い。「へつり」とは険しい崖のことで、100万年前に川や風雨で浸食された岸壁約100mが奇岩となっており、芦ノ牧温泉に宿泊した客は必ず訪れる。

交通：会津鉄道芦ノ牧温泉駅、バス10分

⑥岳（だけ）　26万人、93位

国民保養温泉地

酸性泉

　県中央部、安達太良山（あだたら）の標高600mほどの山麓斜面に、20軒ほどの旅館が並ぶ温泉地があり、温泉会社が15本もの自然湧出泉を引湯して供給している。この酸性泉の温度は58℃で、湧出量は毎分約1,500ℓあり、温泉資源に恵まれている。1955（昭和30）年に国民保養温泉地に指定された。

　9世紀半ばの『日本三大実録』に、小結温泉（こゆい）と記された歴史的温泉地であり、15世紀末に猟師が再発見して「湯日」（ゆひ）とよんだという。以後、鉄山に近い源泉地の湯元に温泉集落が形成され、二本松藩の御殿も建てられて繁盛した。しかし、1824（文政7）年夏に集中豪雨と台風が直撃し、死者63名の大規模な土砂崩れによって温泉場は壊滅した。人々は、そこから6km下った不動平に移って新温泉場を築き、十文字岳温泉と名づけた。藩の御殿をはじめ、二層の旅館や商店が二町四方に広がる計画的温泉場が誕生した。しかし、1868（明治元）年の戊辰戦争で温泉街は焼き払われた。近接の深堀地区に小規模な湯治場が再建されたが、ここも33年後に大火で灰燼に帰した。これほどの災害に見舞われてきた温泉地であったが、1906（明治39）年に近隣の村々の有志17名が岳温泉会社を設立し、国有林の払い下げを受けて現在地に新しい計画的温泉地を開発し、今に至っている。

　岳温泉は昭和初期にすでにスキー場が開かれて広く知られるようになり、第2次世界大戦後は国立公園編入や国民保養温泉地の指定を受けて発展してきた。岳温泉の名を全国に広めたのは、1982（昭和57）年の「ニコニ

コ共和国」の開国であった。ユーモアたっぷりの地域おこしがマスコミの注目を浴び、観光客が増加して1995（平成7）年には61万人の客を数え、宿客数はその80％に及んだが、2006（平成18）年8月末をもって終了した。最近は日帰り客が増えており、高村光太郎の『智恵子抄』歌碑や正岡子規の句碑を巡る案内が望まれる。

交通：JR東北本線二本松駅、バス50分

23万人、98位

⑦土湯（つちゆ）　国民保養温泉地
　　　　　　　　単純温泉、炭酸水素塩泉、硫黄泉

　県北部、吾妻安達太良連峰の東麓にある土湯温泉は、山の湯の雰囲気を保ち、1999（平成11）年に国民保養温泉地に指定された。荒川の渓谷に沿う標高450mの地に15軒ほどの旅館が温泉街を形成し、その上流部の奥土湯温泉には川上、不動湯の一軒宿の温泉地がある。歴史は古く、586（用明2）年に聖徳太子の父の用命天皇の病気快復と仏布教を命じられた秦野川勝が病に冒された際、太子のお告げで突き湯（土湯）に入浴して元気になったという。江戸中期に再建された聖徳太子堂が祀られており、入口にある県文化財の樹齢500年のシダレ桜が4月下旬に見事な花をつける。近世初期には米沢藩上杉氏の領内であったが、中期に福島藩主板倉氏が入封して御湯御殿が建築され、会津街道の宿場でもあった。

　源泉は中心街から約2km上流の荒川源流で噴き上げる150℃もの蒸気と熱水であり、これに沢水を加えて温泉を造成して自然流下で利用している。温泉湧出量は毎分2,000ℓに及び、泉質は単純温泉、硫黄泉、炭酸水素塩泉、含鉄泉など多い。豊かな量と質をもつ温泉は、「土湯十楽」とよばれた。遊湯つちゆ温泉協同組合がこの温泉を管理し、集中管理のもとに旅館、公衆浴場、保養所、個人宅へ給湯している。湯治客や保養客のためのスパクリニック制度があり、リハビリ施設や温泉入浴施設を完備した病院が旅館と提携して、腰痛、膝痛、手足のしびれなどの患者を診療している。また、健康志向の滞在客のために、環境省の国民保養温泉地「ふれあい・やすらぎ温泉地」事業で荒川支流の東鴉川に親水公園が整備され、河岸に沿って散策道や足湯もある。また、鳴子、遠刈田とともに「東北3大こけし」に挙げられる土湯こけしは、多くの職人がその伝統を守っている。宿泊客は通年化しているが、10～11月の紅葉期には特に多い。近接の仁

田沼一帯には、水芭蕉、カタクリ、ツツジ、ヒメサユリ、ヒメニッコウキスゲなどの群落が広がっており、自然探勝に最適である。

交通：JR東北新幹線福島駅、バス45分

⑧ **高湯**（たかゆ）　国民保養温泉地
　　　　　　　　硫酸塩泉

　県北部、磐梯吾妻スカイラインの起点に、土湯とともに1999（平成11）年に国民保養温泉地に指定された高湯温泉がある。白布高湯、蔵王高湯とともに「奥羽三高湯」と称される。吾妻小富士の山麓、標高750mの位置にあり、泉温42〜51℃の高温の硫酸塩泉が毎分3,200ℓも湧出している。各旅館には数々の温泉浴場が設置され、自噴の温泉に小屋がけをし、注連縄（なわ）で飾った素朴な露天風呂もあり、温泉に浸かれるありがたさを感じる。2003（平成15）年に共同浴場「あったか湯」が新設され、近くの名勝「不動滝」や6月中下旬に咲くヒメサユリを求めて来訪する日帰り客も多い。

交通：JR東北新幹線福島駅、バス40分

⑨ **新甲子**（しんかし）　国民保養温泉地
　　　　　　　　　単純温泉

　県中南部、阿武隈川源流に近い渓谷に歴史のある甲子温泉があり、その温泉を5kmほど引いて1961（昭和36）年に開かれた新興温泉地である。1963（昭和38）に国民保養温泉地に指定された。標高800mの高原にあって、ブナやミズナラの原生林に覆われ、散策を楽しめる。秋には、雪割橋、剣柱橋、新甲子遊歩道の紅葉の名所を満喫できる。近くには、ゴルフ場、大自然のレジャー施設「キョロロン村」、温泉健康センター「ちゃぽランド西郷」なども整備され、家族連れでの温泉保養や観光に適している。

交通：JR東北本線白河駅、バス40分

⑩ **二岐**（ふたまた）　硫酸塩泉

　県中南部、二岐山の麓を流れる二俣川上流の歴史の古い温泉地で、伝承によるとその起源は7世紀前半の聖武天皇の時代にまで遡るという。渓流に沿って各宿の露天風呂が設置されているほどに温泉は豊富で、秘湯の名に恥じない保養温泉地である。また、二岐山の登山はもちろん、大白森山から甲子温泉へのハイキングコースもあり、特に秋の紅葉時期は賑わう。

交通：JR東北本線須賀川駅、バス2時間

執筆者 / 出典一覧

※参考参照文献は紙面の都合上割愛
しましたので各出典をご覧ください

I　歴史の文化編

【遺　跡】　　　石神裕之　（京都芸術大学歴史遺産学科教授）『47都道府県・遺跡百科』(2018)

【国宝 / 重要文化財】　森本和男　（歴史家）『47都道府県・国宝 / 重要文化財百科』(2018)

【城　郭】　　　西ヶ谷恭弘　（日本城郭史学会代表）『47都道府県・城郭百科』(2022)

【戦国大名】　　森岡浩　（姓氏研究家）『47都道府県・戦国大名百科』(2023)

【名門 / 名家】　森岡浩　（姓氏研究家）『47都道府県・名門 / 名家百科』(2020)

【博物館】　　　草刈清人　（ミュージアム・フリーター）・可児光生　（美濃加茂市民ミュージアム館長）・坂本昇　（伊丹市昆虫館館長）・髙田浩二　（元海の中道海洋生態科学館館長）『47都道府県・博物館百科』(2022)

【名　字】　　　森岡浩　（姓氏研究家）『47都道府県・名字百科』(2019)

II　食の文化編

【米 / 雑穀】　　井上繁　（日本経済新聞社社友）『47都道府県・米 / 雑穀百科』(2017)

【こなもの】　　成瀬宇平　（鎌倉女子大学名誉教授）『47都道府県・こなもの食文化百科』(2012)

【くだもの】　　井上繁　（日本経済新聞社社友）『47都道府県・くだもの百科』(2017)

【魚　食】　　　成瀬宇平　（鎌倉女子大学名誉教授）『47都道府県・魚食文化百科』(2011)

【肉　食】　　　成瀬宇平　（鎌倉女子大学名誉教授）・横山次郎　（日本農産工業株式会社）『47都道府県・肉食文化百科』(2015)

【地　鶏】　　　成瀬宇平　（鎌倉女子大学名誉教授）・横山次郎　（日本農産工業株式会社）『47都道府県・地鶏百科』(2014)

【汁　物】　　　野﨑洋光　（元「分とく山」総料理長）・成瀬宇平　（鎌倉女子大学名誉教授）『47都道府県・汁物百科』(2015)

【伝統調味料】　成瀬宇平　（鎌倉女子大学名誉教授）『47都道府県・伝統調味料百科』(2013)

【発　酵】　　　北本勝ひこ　（日本薬科大学特任教授）『47都道府県・発酵文化百科』(2021)

| 【和菓子 / 郷土菓子】 | **亀井千歩子** （日本地域文化研究所代表）『47都道府県・和菓子 / 郷土菓子百科』(2016) |
| 【乾物 / 干物】 | **星名桂治** （日本かんぶつ協会シニアアドバイザー）『47都道府県・乾物 / 干物百科』(2017) |

Ⅲ 営みの文化編

【伝統行事】	**神崎宣武** （民俗学者）『47都道府県・伝統行事百科』(2012)
【寺社信仰】	**中山和久** （人間総合科学大学人間科学部教授）『47都道府県・寺社信仰百科』(2017)
【伝統工芸】	**関根由子・指田京子・佐々木千雅子** （和くらし・くらぶ）『47都道府県・伝統工芸百科』(2021)
【民　話】	**玉水洋匡** （学習院中等科教諭） / 花部英雄・小堀光夫編『47都道府県・民話百科』(2019)
【妖怪伝承】	**佐治靖** （日本民俗学会会員） / 飯倉義之・香川雅信編、常光徹・小松和彦監修『47都道府県・妖怪伝承百科』(2017) イラスト ©東雲騎人
【高校野球】	**森岡浩** （姓氏研究家）『47都道府県・高校野球百科』(2021)
【やきもの】	**神崎宣武** （民俗学者）『47都道府県・やきもの百科』(2021)

Ⅳ 風景の文化編

【地名由来】	**谷川彰英** （筑波大学名誉教授）『47都道府県・地名由来百科』(2015)
【商店街】	**正木久仁** （大阪教育大学名誉教授） / 正木久仁・杉山伸一編著『47都道府県・商店街百科』(2019)
【花風景】	**西田正憲** （奈良県立大学名誉教授）『47都道府県・花風景百科』(2019)
【公園 / 庭園】	**西田正憲** （奈良県立大学名誉教授）・**飛田範夫** （庭園史研究家）・**井原縁** （奈良県立大学地域創造学部教授）・**黒田乃生** （筑波大学芸術系教授）『47都道府県・公園 / 庭園百科』(2017)
【温　泉】	**山村順次** （元城西国際大学観光学部教授）『47都道府県・温泉百科』(2015)

索　引

47都道府県ご当地文化百科・福島県

令和6年6月30日　発　行

編　者　　丸　善　出　版

発行者　　池　田　和　博

発行所　　丸善出版株式会社
〒101-0051 東京都千代田区神田神保町二丁目17番
編集：電話（03）3512-3264／FAX（03）3512-3272
営業：電話（03）3512-3256／FAX（03）3512-3270
https://www.maruzen-publishing.co.jp

組版印刷・富士美術印刷株式会社／製本・株式会社 松岳社

ISBN 978-4-621-30930-8　C 0525　　　　　　Printed in Japan